William Morris

ウィリアム・モリス 著

素朴で平等な社会のために

ウィリアム・モリスが語る
労働・芸術・社会・自然

城下真知子 訳

せせらぎ出版

目次

5

1

私はいかにして社会主義者になったか

How I became a Socialist

1894年6月

社会民主連盟（ＳＤＦ）の依頼を受け、機関誌『Justice（正義）』に寄稿

すべての人が平等な条件のもとに生活し、無駄を出すことなく自分たちの暮らしをまかなっており、一人を傷つけることはすべての人を傷つけることになると自覚している社会。これが私の思い描く社会主義であり、これを胸に抱いたまま死にたいと願っている。汚らしい文明があふれるなかでも芽を出しつつある、偉大な変革の種、これに気づかなかったら、私はそのまま悲嘆にくれていたことだろう。

私にとって社会主義とは

編集長（社会民主連盟の機関誌『Justice（正義）』の編集長）から、私がなぜ社会主義を選んだのか、転換の経過を書いてもらえないかと依頼された。読者が、私を一定のグループに属するタイプとみなしておられるなら、それもまたなんらかの意義があるかもしれない。簡潔《かんけつ》にはっきりと事実を描写するのは、そう簡単なことではないが、やってみよう。

けれども、その前に、私が社会主義者と言うのはどういう意味かをまず述べたい。どうやら、いまではこの言葉は、10年前のように厳密な意味で使われていないようだからだ。

社会主義とは、金持ちも貧乏人もなく、主人も主人に仕える者もいない、そういう社会状態のことだ。怠ける者も、過労で倒れる者もいず、精神を病んだ頭脳労働者もいなければ、心を病んだ職人もいない。つまり、すべての人が平等な条件のもとに生活し、無駄を出すことなく、自分たちの暮らしをまかなっており、一人を傷つけることはすべての人を傷つけることになると、はっきり自覚している社会だ。共同の富《コモンウェルス》を共有する共同体という意味で、ついに実現された真の**連合体**《コモンウェルス》だ。

　これが私の思い描く社会主義であり、これを胸に抱いたまま死にたいと願っている。この理想社会こそ、私の出発点だった。

　私には過渡期はなかったが、政治的なラディカリズムとでもいえる短い時期ならあった。自分の理想は明らかだったが、実現の展望がまったく見えなかった時期だ。だが、その時期も終え数ヶ月してから、私は民主連盟、つまり現在の社会民主連盟（Social Democratic Federation）に加盟した。

加入を決断したのは、理想を実現する希望が見えたからだ。だが、それは、どの程度現実味を持った希望だったのか？　当時、私たち社会主義者は社会主義のために生き、かつ努力していた。とはいえ、いったい何を達成できるのか、いつこの社会に変化をもたらすことができるのか——これを、どう考えていたのだと聞かれても、わからないと言うしかない。

ただ、これだけは言える。決断によって生まれた希望や喜びは、そういう現実と天秤にかけて量ることなどできない、かけがえのないものだったということだ。

経済書より、討論から多くを学んだ

その一歩を踏み出したとき、実は、経済学についてはまったく無知だった。アダム・スミスの本を開いてみたこともなければ、リカルドやマルクスについても聞いたことがなかった。

でも、なぜかミル[※1]のものは**読んだことがあった**。『ウェストミンスター評論』か『フォートナイトリー評論』で発表されたあの遺稿「社会主義についての章」のことだ。ミルはその論文で、フーリエ式の社会主義を攻撃し批判している。彼なりに誠実で明確な持論の展開だった。だが私は、むしろ、その遺稿を読んだ結果、社会主義への変革は必要であり、私たちの時代に実現できると確信した。ミルの論文で、私は最終的に

※1　ジョン・スチュアート・ミル（1806～1873）哲学者、経済学者。モリスが読んだ論文は、1879年に『フォートナイトリー評論』に掲載。

社会主義を選んだわけだ。

社会主義団体に加盟したわけだから（民主連盟は私の加盟後すぐ、社会主義の旗幟を鮮明にした）、私は社会主義の経済学的側面を学ぶ努力をした。マルクスにすら取り組んだ。[※1]もっとも、『資本論』の歴史的叙述は楽しく読んだが、正直言って、あの大作の純粋に経済学的な部分には頭が混乱し、読むのに非常に苦労した。いずれにせよ、私はできるだけ文献を読んだ。このとき学んだ知識がいまも残っていてほしいと思う。

だが、読書よりもっと役に立ったのは、バックス[※2]やハインドマン[※3]やショイ[※4]などの友人と積み重ねた討論や、社会主義を広めるための活気ある研修に参加したことだった。

私が受けてきた実践的社会主義の教育において、その仕上げは、何人かのアナーキストの友人たちからその後受けたものだ。ミルの**意図に反して**社会主義は必要だと学んだの[※5]と同じように、アナーキストの友人たちの意図に反して、アナーキズムは不可能だということを学んだのだ。

※1　『資本論』の英訳はまだ出ていなかった。モリスは1884年に、フランス語版を友人に特別に装丁してもらって読んでいる。

※2　アーネスト・ベルフォート・バックス（1864〜1926）英国人社会主義者。ハインドマンの独裁的態度と方針に反発し、モリスとともに、社会民主連盟から脱退して、社会主義者同盟を結成。その機関誌に「社会主義――その根源から」（その後『社会主義――その成長と成果』として出版される）をモリスと共同執筆している。のちに再び連盟に戻る。

※3　ヘンリー・ハインドマン（1842〜1921）民主連盟創始者。

※4　アンドレアス・ショイ（1844〜1927）オーストリアから亡命してきた社会主義者。当時は欧州大陸が革命運動の先進地だった。大陸からの多くの亡命者が英国の運動を支えた。

※5　ミルは前述の論文で、「労働者階級の観点から所有の問題を検討すべきときが来た」として社会主義を検討し、性急な革命ではなく段階的な社会主義への改良を結論づけている。その意味で「ミルの意図に反して」という表現は少し公平でないようだが、モリスはおそらく、ミルの言う段階的改良ではなく、根本的な革命をめざすべきだと強調したかったのだろう。

部分的改良では解決にならない

ここまで、私がいかに**実践的**社会主義に取り組みだしたかを述べてきたが、どうやら話が飛びすぎた。話を私のバックグラウンドに戻そう。

私は富裕層の一人だった。そのため、労働者のように、何をするにも金がないために無力さを噛みしめる、という苦痛は味わいはしなかった。だから、なんとしても理想を追求したいという熱い思いに突き動かされていなかったら、社会主義の実践的追求に足を踏み入れなかったにちがいない。

というのも、私は、政治としての政治に魅力を感じたことは一度もなかったからだ。ただし、ここで「政治としての政治」という場合、厄介で不愉快ではあるが、目的にとっては必要な手段である政治のことは指していない。

また、現に存在する社会の不正や貧困層への抑圧を自覚したとき、私は事態を**部分的に**改良することができるなどとは、まったく思わなかった。言いかえれば、「貧乏人に福祉を施せば少しは『上品な』暮らしができて、彼らも幸せに過ごせる」などと考えたりするような、愚か者ではなかった。

では、私に実践的社会主義を求めさせた理想、その理想は、なにゆえ生まれてきたのか。それを説明するには、冒頭に触れたあるタイプ、つまり中流の知識人層という点が問題となる。

文明に対する知識人の現実

近代的社会主義が狼煙《のろし》を上げるまでは、知識人の大半は19世紀の文明に満足していた。あるいは、満足であるかのように装っていた。この文明をなんとかしなければならないと考える人などほとんどいなかった。過去の野蛮な時代の馬鹿げた残存物を少し取り除いて、文明を完璧にしさえすれば満足だとほとんどの者が考えていた。これが、ホイッグ党[※1]の精神構造であり、羽振りのいい中流階級によくある考え方だ。じっさいのところ中流階級は、社会主義者がちょっかいを出さずに、いまのまま裕福な生活を享受させてくれるなら、歴史の歯車が進むかどうかなどには関心もない。

だがこのほかには、実は、文明の凱歌に対して漠然と嫌悪を感じており、満足などはしていないのだが、ホイッグ党の巨大な力によって、沈黙を強いられている人々がいる。

さらに最後には、そのホイッグ党に公然と反抗した人々が何人かいる。いや、二人と言っていいだろう。カーライル[※2]とラスキン[※3]だ。

私がまだ実践的社会主義者ではなかった頃、先に述べた理想を私に教えてくれた師匠がラスキンだった。

※1　17世紀からの英国の議会政党。のちの自由党、自由民主党。
※2　トーマス・カーライル（1795～1881）歴史家、評論家。フランス革命を研究し、英国社会を鋭く分析した。
※3　ジョン・ラスキン（1819～1900）美術評論家。画家のターナーやラファエル前派を支えた。『ヴェネツィアの石』などを執筆。オックスフォード大学で教鞭をとり、その芸術論、文明論でモリスらに影響を与えた。

20年前にラスキンがいなかったら、世の中はなんと味気なかったことだろう！　彼を通じて、私は自分の満たされない思いに形を与えることができた。その寂寞感は、はっきりした根拠のあるものだったのだ。

美の創造への熱望が私の人生を動かしてきたが、それを別にすると、過去も現在も、私の人生を導いてきた情熱は、現代文明への憎悪だ。表現する言葉を得たいま、いったいこれをどう表現すればいいだろう。現代文明など破壊したい、そしてそれを社会主義で置き換えたい――いったいどう言えば、これが伝わるだろう？

耐えられない文明の愚かさ、汚さ

どう言えば、現代の文明が機械的力を掌握し浪費していることを、わかってもらえるだろうか。共同体《コモンウエルス》たるべき社会はこんなにも貧しく、共同の富に敵対する者は、こんなにも金持ちだ。その膨大な体制は、惨めな生活を作り出すために存在しているのだ！

文明の愚かさがなかったらすべての人が楽しめるはずの素朴な喜び、これを軽蔑する愚劣！　労働の確かな慰めである芸術を破壊した見る目のない俗悪さ！　これらすべてを、そのときも、いまと同様に感じていた。だが、なぜそうなっているのかがわからなかった。

歴史的過去に存在していた希望は消え失せ、幾時代にもわたる人類の奮闘は、浅ましく醜く行き場のない混乱だけを生み出してしまった。かろうじて生き残った最後の伝統すら、いずれ文明が拭い去り、悪が濃縮され、ついには、どす黒く汚らしい文明が世界に腰を据える――私にはそう思えた。

まったく荒涼とした未来だった。私を単に一つのタイプとして見るのではなく、一人の人格として言わせてもらえるなら、形而上学[※1]や、宗教や、科学的分析についてはあまり関心がないが、地球やその上に住む生きものを深く愛し、人類の歴史に強い情熱を感じる、そういう気質の人間にとっては耐えられない将来だったのだ。

変革の芽生えを発見して、すべては一変した

考えてもみてほしい！　エンジンを燃やし続ける石炭の燃え殻、そのゴミの山に鎮座する銀行に、なぜ、すべてが吸い上げられなければならないのか。しかもその近くには、成り上がりポドスノップ[※2]の居間が控えているとくる。

そして、ホイッグ党執行部は、「金持ちにはシャンパンを、貧乏人にはバターならぬ俗悪マーガリンを[※3]」という都合のよい分配を編み出し、これですべての人間が満足するという。美しいものを見る喜びは、世の中から消え失せ、詩人ホメロス[※4]もハクスリー[※5]に取って代わられるというのに？

※1　現実を超越し、その背後にある本質や存在の根本原理を極めようとする学問。神・世界・霊魂などがテーマとなる。
※2　チャールズ・ディケンズの小説『我らが共通の友』の登場人物。典型的な上位中流階級の独善的人物。ここでは、成り上がりの資本家という意味合いもある。
※3　当時、高いバターを買えない人のために、劣悪な模造品としてマーガリンが販売されていた。もちろん、それすら買えない労働者も多くいた。
※4　古代ギリシャの吟遊詩人。叙事詩『イーリアス』と『オデュッセイア』の作者とされる。
※5　トマス・ヘンリー・ハクスリー（1825～1895）のことと思われる。生物学者。ダーウィンの進化論を擁護した。『科学と文化』などの著作がある。

「未来を見据えよ」と自分に言い聞かせるたびに、心の奥底に見えてくるのは、こういう未来だったのだ。それなのに、周りの誰も、このように「成就」する文明にたいして、ほとんど闘おうともしていなかった。まったく悲観的な、そういう人生の際《きわ》に私はいたわけだ。

だから、この汚らしい文明があふれるなかでも芽を出しつつある、偉大な変革の種——私たち社会主義者はこれを社会革命と呼ぶ——に気づかなかったら、私はそのまま悲嘆にくれていたことだろう。だが、この発見によってすべてが一変した。社会主義者になるには、あとはもう、実際の運動に身を投じるだけだった。そして先に述べたように、私は全力を尽くして運動に取り組んできた。

述べてきたことをまとめよう。歴史を学び、芸術実践に情熱を燃やした私は、文明というものを嫌悪せざるを得なかった。このまま放っておけば、文明は、歴史を脈絡もない愚行に変質させ、芸術を、現実の暮しとはまったく無縁な骨董品収集にしてしまうだろう。

だが、忌まわしい現代社会の内側から湧き上がってきた革命を自覚したおかげで、私は単なる「進歩」反対派に固まってしまわずにすんだ。その意味で、芸術家志向の他の多くの者たちより、幸運だった。そして、芸術家を気どる中流階級がよくやるように、多くの無駄な企画で時間とエネルギーを浪費せずにすんだ。芸術はすでに張るべき根を失っているのに、彼らは、あたかも、これからもそのまま成長するかのように錯覚しているのだ。

こうして、私は実践的な社会主義者になった。

労働者に理想を示すのは、芸術の役割だ

読者のなかには、「そういう歴史と芸術の問題が、社会民主連盟とどういう関係があるのだ」という人もいるかもしれない。だから、最後に少しつけくわえたい。

私たちが、社会民主主義によって勝ち取りたいのは、きちんとした暮らしだ。生きるにふさわしい暮らしが欲しい。それもいますぐだ。

なかには、日々どう食べるかより芸術や教養の問題を優先すべきだ、と提案する人がいるが（そういう人が実際いるのだ）、もちろん、そういう人は、芸術が何なのかを理解していない。芸術は、豊かで不安のない暮らしという土壌に根ざして初めて、育つことがわかっていない。

だが、同時に忘れてはならないことがある。文明が、労働者をあんなにも痩せこけた、哀れな存在に貶《おとし》めてしまった[※1]ために、労働者にはいま耐え忍んでいる生活しか見えず、それより少しでもましな生活への欲望をどう醸成するかが、わからないということだ。

だからこそ、芸術は、生きるにふさわしい豊かな生活の真の理想を彼らに指し示し、芸術の本分をまっとうすべきなのだ。美を感じ、創造すること、つまり本当の喜びを堪能することが、日々のパンと同じように必要だと感じられる人間の暮らし――誰も、どういう集団も、単に反対だということで、これを奪われてはならない。そして、そんな反対意見には徹底的に抵抗すべきだ。

※1　産業革命後、資本主義経済へと転換しつつあった英国では、農村が崩壊し、大量の農民が大都市に流入した。職を求める労働者家族はスラムの一角で貧しく不潔な生活を強いられた。

2

小芸術
The Lesser Arts

ロンドンの工芸見習い職人ギルドでおこなった講演

1877年12月

日常の見慣れた道具を美しくするために、小芸術（装飾芸術）が取り組まれてきた。美を見出した喜びを表現するために人間が編み出した、偉大な体系の一部である。

世の中には、まがいものの仕事があふれている。そんなに金を儲ける必要があるのか？ロンドンのわずかな泥土で得られる金のために、家並みのあいだに生える気持ちの良い木々を切り倒し、古い尊い建物を取り壊す。川を汚し、太陽を曇らせ、煙やもっと有害なもので大気を汚染する。すべて、仕事の現場を考えない金の亡者、現代の商取引がもたらしたことだ。

これらから無縁になれば、一新された素朴な暮らしのなかで、信頼できる日々の友である労働について、考える余裕ができるだろう。人々は幸せに仕事し、その幸せは、気高い民衆の装飾芸術をもたらす。

小芸術《レッサーアーツ》（装飾芸術）と大芸術

さて、これからは、[※1]小芸術《レッサーアーツ》（一般に装飾芸術と呼ばれている）の歴史的検討という課題でお話しすることになるわけだが、正直に言うと、私にとっては、このますぐに、偉大な小芸術の歴史を語るほうが楽しい。

だが、この後の第三講演[※2]で、こんにちの装飾が抱える諸問題に触れるつもりなので、ここではまず、小芸術の性質と範囲、現在の状況、将来どうなるかについて話すことから始めよう。でないと私の立場があいまいになり、皆さんを混乱させ、後でくどくど説明しなければならなくなるだろう。

この話のなかで、おそらく皆さんがまったく同意できないような事柄も話すことになると思う。だから、初めに知っておいていただきたいことがある。歴史を考えるとき、たとえ私がそれを非難しようともほめようとも、私は過去を嘆いているのでもなければ、現在を忌み嫌っているのでもなく、未来に絶望しているわけでもない。

私たちの周りの変化や動きはすべて、世界が生きているという証しだと私は信じている。それは、予測もできないさまざまな道を経て、人類をより良い道へと導くに違いないのだ。

さて、小芸術の範囲と性質ということについて、これから詳しく述べていくが、いわゆる偉大な芸術と呼

※1　モリスはこの直前に、別のテーマの講演をしていたようだ。
※2　この講演内容は残っていないと思われる。

ばれる建築についてはあまり触れないつもりだし、彫刻や絵画についてはなおさら触れない。

もちろん、私は、それら大芸術と、いわゆる装飾芸術と呼ばれる小芸術を、まったく切り離して考えることはできない。大芸術と小芸術の分離は、ごく最近、生活がたいへん複雑になったなかで初めて起こったことだ。両者がこんなふうにかけ離れてしまったのは、芸術全体にとってマイナスだ。

この分裂のために、小芸術は取るに足らない機械的なものとなり、知性にも欠け、ごまかしや流行に抵抗する力を失ってしまった。

他方、建築・彫刻・絵画などの大芸術のほうも悲惨だ。しばらくは、天才が偉大な精神と驚異的な腕前で実践していくだろう。でも、小芸術に支えられることもなく互いに助け合うこともないままでは、いずれは、大芸術も、民衆の芸術としての尊厳を失ってしまうにちがいない。そして、少数の金持ちや暇人が弄《もてあそ》ぶ巧妙なおもちゃ、あるいは、無意味な虚栄心で見せびらかす退屈な付属品になり下がってしまうだろう。

ともあれ、この講演では狭い意味での建築、彫刻、絵画については触れない。こういう大芸術、特殊に知識人のものだとされている芸術は、本当に残念なことに、現在では、厳密な意味での装飾から切り離されてしまっているからだ。

この講演で課題とするのは素晴らしい装飾の分野である。これは、多かれ少なかれ、いつの時代も、日常生活上の見慣れた道具を美しくするために取り組まれてきた。対象とする範囲は広く、重要な産業である。世界の歴史の大きな要素を占めており、歴史の研究には最も役立つ分野でもある。

装飾芸術の二つの役割

装飾は本当に大事な生産活動だ。家を建てる技術から、塗装、建具指物、大工、鍛冶屋の仕事、陶芸、ガラス工芸、織物、その他多くの技術を含んでいる。

社会全体にとってももちろん大事だが、私たち工芸職人にとってはとりわけ大切な芸術だ。使うために作る物はほとんど、なんらかの装飾の手を加えた上でないと完成とはみなされないのだから。

もっとも、ほとんどの場合、私たちは装飾という手順に慣れきっており、あたかも、自然にそうなったかのように感じている。薪に使う枯れ枝に自然についた苔の模様、その程度にしか装飾を考えていない。実にひどい話ではないか！　装飾や、装飾のつもりでおこなった試みは**現に存在**しており、そこには用途も意味もあったし、あるべきなのだから。

そもそも、これはすべての物事の原点だ。人の手で作られた物にはすべて形があり、それは美しいか醜いかのどちらかだ。自然の摂理にかない、自然を生かしているなら美しく、自然に沿わず逆らっているものは醜い。どちらでもないということはありえない。

人間というものは、勤勉なときもあれば、ものぐさなときもあり、熱意にあふれているときも落ちこんでいるときもある。そして、常に目にしている物の多種多様な形に対して、鈍感になりがちだ。だから、装飾の主な用途、自然と連携した主な用途の一つは、その鈍った感覚を研ぎ澄ますことにある。だからこそ、あのように目を見張る細やかなパターンが織られ、奇妙な形が考え出され、ずっと人間を楽しませてきた。

それらの形や細やかさは、必ずしも自然を直接まねたものではない。だが、職人の手は自然が織り成す過程に導かれて動く。その手は、織物やカップやナイフが自然に見えるようになるまで、いや、緑の草原や川岸や山から採れた火打石と同じくらいに愛《うるわ》しくなるまで、止まらない。

装飾芸術には二つの働きがある。一つは、暮らしのために使わざるを得ない物を、使うのが楽しくなる物にすることだ。また、もう一つの役割は、作らざるを得ない物を楽しく作れるようにすることだ。

さあ、このテーマがとても重要に見えてきたのではないだろうか？　この芸術が存在しなければ、労働のあいまの休息は、虚ろでつまらなく、私たちの労働も、ただの忍耐、心身をすりへらす活動になる。

労働を楽しく彩るはずの装飾芸術

装飾活動が労働を楽しくするという第二の側面については、いくら強調しても強調し過ぎることはない。真実を何度も繰り返すことに意味があるかどうかはわからない。そうだとしても、現代の偉人が語ったことを思い返してみると、どうか、さらに言及することを許してもらいたい。

その偉人とは、友人のジョン・ラスキン教授だ。彼の『ヴェネツィアの石』第二巻の「ゴシックの本質と労働者の役割について」という章を読めば、このテーマについて、最も本質的で的を射た表現に直に触れることができる。私の主張は、彼の言葉のほんの繰り返しでしかない。だが、真実の反復にもなんらかの意義があると思う。忘れてしまわないためだ。だから、さらに語っておきたいのだ。

人々が仕事を罵るのをよく耳にする。そこには、深刻で嘆かわしい不快感がこめられている。だが、確かに、職人にとって本当に嘆かわしく呪わしいのは、それが馬鹿げた労働であることだ。そして、労働自体にも、労働を取り巻く環境においても、不公平が存在することだ。

だからといって、ここにいる皆さんは、自分の手を動かして働かずに座っているだけの生活を、良い暮らしだとか面白い暮らしだとは思ったりしないだろう。たわけ者は、それを「紳士のような暮らし」と呼ぶわけだが。

とはいえ、確かに、退屈な仕事というものは**存在する**。人々にそういう仕事をさせるのは辛いし、見るのも辛い。そんなことをさせるぐらいなら、私は、倍の時間がかかっても自分の手でするほうがよい。だからこそ、私たちが語ってきた装飾芸術によって労働を美しくして、世に広め、作る人にも使う人にも、知的でわかりやすいものにしようではないか。一言で言えば、労働を民衆の芸術にしよう。退屈でつまらない労働、心身をすりへらす奴隷労働はおしまいにしよう。そうなれば、もう誰も仕事を罵ったりしなくなり、言い訳を使って労働の至福を避けようとしなくなる。

この実現ほど、世界の進歩に貢献できることは他にない。私がこの世で実現したいことは、これ以外にないと断言する。そして、間違いなく、政治的社会的変革――これは、誰もがなんらかの形で望んでいることだ――と、これほど深く関係していることはない。

小芸術をとおして見える歴史

だが、この意見に対して、小芸術・装飾芸術は贅沢や圧制や迷信に仕えてきたではないか、という反論もあるかもしれない。ある意味で、それは事実だ。ほかの多くの素晴らしいことと同様に、確かに、装飾芸術は利用されてきた。

だが同時に、国によっては、最も自由で活発な時代には芸術が咲き乱れたことも事実だ。そして、また、自由への望みがまったくないような、抑圧された民衆のあいだですら、装飾芸術が花開いたことも認めなければならない。そういう民衆のあいだでも、少なくとも芸術は自由だった――そう考えても間違いではないと思う。もし芸術が自由でなく、迷信や贅沢に縛られていたなら、抑圧の下ではすぐに腐り始めてしまったはずだ。

さらに、もう一つ忘れてならないことがある。人はよく、法王や王様や皇帝がこれこれの建物を建てたと言う。でも、それはただの言い方にすぎない。歴史の書物で、誰がウェストミンスター寺院を建てたか、誰がコンスタンティノープルの聖ソフィアを建てたかと見ると、それはヘンリー3世だとか、ユスティニアヌス皇帝だとか書いてある。だが、果たしてそうなのか？　むしろ、皆さんや私のような人間、後世に仕事は残すが、名は残さない職人たちではないか。

さて、この芸術のおかげで、人々は日常生活の物事に興味を示し、注意を払う。そして、また、重要なことだが、歴史のあらゆる段階に注意を払う。先にも述べたように、小芸術は、歴史において重要な役割を果たしているのだ。

いかなる国も、いかなる社会も、どんなに未開でも、まったく装飾芸術なしで済ますことはできなかった。種族自体についての情報はほとんどないのに、彼らがどういう形を美しいと考えていたかはわかっている場合がよくあるではないか。

歴史と装飾の結びつきはそれほど強いのだ。だから、現在、装飾を実践しようと思えば、いくら振り払おうとしても、過去の影響をまったく拭い去ってしまうことはできない。布地のパターンや日常の容器や家具を、腰を据えてデザインしようとすれば、たとえどんな創造的な人でも、数百年前に使われていた形を前提にして、それを進化させるか退化させるかのどちらかだ。そう言っても言い過ぎではないと思う。

いまはもう習慣的な手さばき程度になっているとしても、たいていの場合、そういう昔の形には独特な意味があった。いまではほとんどつながりが失せ、あるいはまったく忘れられているかもしれないが、かつては、おそらく神秘的な崇拝や信心のシンボルだったのだ。

こういう楽しい研究に励む人々は、まるで窓からのぞくように、過去の暮らし、名も知らぬ国々の思想の源《みなもと》を見ることができる。

恐るべき古代東洋の帝国。ギリシャの自由な活力と栄華。重鎮ローマの強固な支配。世界に広がり、その善も悪も決して忘れられず、いまもなお常に感じられるほどだが、その帝国も儚《はかな》く移ろい崩壊した。そして東洋と西洋、南部と北部の衝突。豊かで実り多いローマの娘・ビザンチン。イスラム世界の勃興・分解と衰退。彷徨《さまよ》うスカンディナビア。十字軍。現代欧州国家の基礎の成立。死にゆく旧システムと自由思想との争闘……。

これらすべての出来事、その意義は、民衆の芸術の歴史のなかに織りこまれてきた。歴史的な生産分野である装飾を真摯に学ぶ者は、これらすべてに精通していなければならない。

歴史が非常に真剣な研究の対象となり、いわば、私たちに新たな感覚を与える時代、実際にどんなことが起こったのかを皆が知りたがり、もはや、国王や悪漢たちの戦闘や陰謀についての、つまらぬ記録でごまかしてはいられない時代。そういう時代に、これらすべてを、そしてその知識の意義を考えあわせてみると、装飾芸術が過去の歴史と織り成した関係は、現代生活で装飾芸術が果たす役割と同じように重要なのだ。このことを、どう言い表せばいいのだろう。これらの過去の記憶こそ、まさに現在の日々の生活の一部を占めるものなのだ。

話を進めてこんにちの芸術の状況を検討するまえに、要点を繰り返しておこう。

装飾芸術は、美を見出した喜びを表現するために、人間が編み出した偉大な体系の一部である。あらゆる人々があらゆる時代で、これを用いてきた。小芸術は自由な国民の楽しさの表現であり、抑圧された国民の慰めだった。宗教はこれを利用し、高め、また悪用し、貶《おとし》めてきた。小芸術は歴史の全過程と結びつき、私たちに歴史を教えてくれる。

そして何よりも小芸術は、命を注ぎこんで労働した工芸職人にとっても、また一日の労働のあいまに、その工芸に目を留めて慰めを得る人々にとっても、人間労働をおいしくする甘露だ。私たちの労働を幸せなものにし、私たちの休息を実りあるものにする。

でも、ひょっとして、私の言ってきたことすべてが、皆さんには、大口を叩いた芸術の賞賛であるかのように響くかもしれない。実は、こういう風に語ってきたのは、理由があるからなのだ。

それは、次のような問いを投げかけたいからなのだ――これらすべての良き果実を、君たちはわが手につかむのか？　それとも捨て去ってしまうつもりなのか？

思いがけない質問だっただろうか？　でも、皆さんのほとんどは、私と同じように、民衆の芸術、民衆のためであるべき芸術を実践するために、日々奮闘しているはずではないか。

分業で引き裂かれた小芸術

なぜそんな質問をしたかを説明するために、これまで言ってきたことを少し繰り返そう。

かつて、工芸の神秘性や驚異が、広く知られていた時代があった。人間が作ったものすべてに、想像力と空想力が溶けあっていた時代があった。そういう時代には、すべての工芸職人は、現在の私たちから言えば**芸術家**だった。

だが、人類の思想はしだいに複雑になり、表現が難しくなっていった。芸術はしだいに扱いにくいものになり、その労働は細分化し、実践する人も、偉大な人、そんなに立派ではない人、取るにたらない人に分かれてしまった。

そして、手を使って織機の杼《ひ》を動かしたり槌を振るったりしているときは、心身に平安を与えていた芸術が、その頃から、一部の人々にとっては、とても重苦しい労働になった。彼らの労働生活は、希望と恐れ、喜びと悩みが織り成す、悲劇の連続になってしまった。

これが芸術の発展だったのだ。すべての発展がそうであるように、しばらくのあいだは見事で実りも多い。でも、実り豊かなものすべてがそうなるように、しだいに腐っていく。そして、実りから腐敗に進むあらゆるものと同じように、そこから何か新しいものが生まれる。

朽ち果てたのは、芸術が、大芸術と小芸術に引き裂かれてしまったからだ。一方には軽蔑が、他方には無頓着が生まれた。ともに、これまで説明してきた装飾芸術のあの**哲学**（人間労働をおいしくする甘露）についての、無知から生まれた。

芸術家は工芸職人から抜け出していき、向上の望みも無いまま職人を置き去りにする。そして芸術家自身も、聡明で勤勉な工芸職人たちの共感に満ちた協力を失うことになる。双方ともに患《わずら》うのだ。芸術家も職人と同じように苦しむ。

芸術は、兵士の一隊とともに砦の前に進み出た隊長のようなものだ。隊長は、希望とエネルギーに満ちあふれて突撃するが、部下の兵士がついてきているかどうかを確かめもしない。また兵士たちは、なんのためにそこに連れ出され命を賭けるのかがわからず、尻ごみする。隊長は無駄死にし、兵士たちは、惨めさと残忍さに満ちた砦のなかで、陰気な捕虜となる。

ここではっきり言っておかなければならないが、あまたある芸術のなかで、私たちの装飾芸術が過去と比べてそんなに劣っているわけでは決してない。しかし、無秩序と混乱の状態にあり、一大変化が必要なことは確かだ。

だからこそ、もう一度、あの問いを投げかけよう。君たちは、芸術が育むべき良き果実を手にするつもりなのか、それとも捨て去ってしまうのか？　必ずやって来るはずの一大変化は、プラスとなるのか、マイナスとなるのか？

世界が絶え間なく継続することを信じている私たちは、その変化がプラスをもたらすことをこそ願い、その実現のために奮闘すべきではないか。

空白のあとには、何が？

とはいえ、この問いに現実世界がどう答えるのかは、誰にもわからない。人間の一生は短く、先を読める範囲は限られている。しかし、これまで私が生きてきたあいだでも、目を見張るような思いがけないことが起こっている。だから、私たちを取り巻く現実は承知の上で、なおもまだ、希望はあると言っておきたい。

想像力あふれる芸術が滅亡したあとに、予想もつかない新しいものが人の暮らしを穴埋めする**かもしれない**が、私にはそんな未来は喜べないし、人類が、芸術の喪失を未来永劫も耐え忍ぶとも思えない。だが、芸術の現状や、現代生活や進歩への対処を見ていると、少なくとも現象としては、喪失の方向に向かっているように見える。

世界は長いあいだ、芸術以外のことであたふたしてきており、芸術を無頓着に貶《おとし》めてきた。そしてついには、多くの教養ある人々が、芸術の過去には無知なままに、またその将来への希望も持たないままに、ひたすら軽蔑のまなざしで、芸術を見るようになってしまった。

こんなにもあわただしく忙しい地球は、そのうち厄介ごとや混乱のすべてに我慢できなくなり、癇癪《かんしゃく》を起こしてテーブルをひっくり返し、きれいにすべて放り出してしまうことだろう。

そして、それから？　それからどうなるのか？

いま、汚らしいロンドンの真っただなかにいても、想像するのは大変難しい。きっと、建築、彫刻、絵画は、それに属する多くの小芸術とともに、また音楽や詩とともに、死に絶えて忘れられるだろう。もはや、まったく人々をワクワクさせたり楽しませたりしなくなるだろう。

なぜなら――もう一度言おう、自分たちをごまかし続けるわけにはいかないのだ――なぜなら、一つの芸術の死は、芸術すべての死なのだ。

違いといえば、芸術のなかでも最も幸運なものは、最後に食われるというだけだ。果たしてそれは幸運なのか、不運なのか。ともかく、美と関係するものすべて――人類の創造力も工夫する力も――袋小路に入ってしまう。

そしてそのあいだもずっと、自然は永遠の美しい変化を繰り返す。春夏秋冬、陽の照る日、雨の日、雪の日、嵐や穏やかな好天、夜明け、真昼、夕暮れ。昼も夜も、すべての変化のなかで、人類が、美ではなく醜さをあえて選んだこと、この最強の生きものが、みすぼらしさと虚無のなかで生きていくありさまを、自然は見続けるのだ。

さあ、どうだろう、みなさん。なかなかそうは想像できないことだろう。おそらく、私たちの祖先がいまのロンドンを想像できないのと同じだ。昔、ロンドンのわが祖先たちは、ていねいに白塗りされた可愛い家に住んでおり、村人に馴染みの教会には、大きな尖塔がそびえていた。人々はよく手入れされた庭を通り抜けて、広々とした川へと行ったり来たりしながら暮らしていた。

そういう先祖たちは、まさか自分たちの土地一帯が、あるいはそれ以上の地域が、いつの日か、大中小のぞっとするようなあばら家が建ち並ぶ、ロンドンと呼ばれる土地になろうとは、思いもよらなかっただろう。

私が恐れてやまない芸術の死の空白など、きっと、まだ想像しがたいことだろう。もちろん、いまは予測できないなんらかの状況変化が起こって、そうならないこともありうる。だが、芸術に死が訪れるとしたら、それでも、それはただしばらくのことで、野原をもっと肥沃にするために、寄せ集めた雑草を燃やすようなものに違いない。しばらくすれば人々は目を覚まし、あたりを見回して、その単調さに耐えられず、かつてそうであったように、再び工夫し、模倣し、想像するようになるに違いない。

そう信じることで、私は元気がでる。そして落ち着いて、こう言うことができる。人類に空白の時期が訪れなければならないなら、訪れさせればいい。その暗黒のただなかで、新しい種がきっと芽を出すだろう。これまでも、ずっとそうだった。まず誕生がある。ほとんど自分を自覚していない希望だ。それから花が咲き、熟練の実が実り、はっきり自分を意識した希望となる。そして、爛熟のあとの腐敗のように、傲慢へと移ろいゆく。そして、それから、再びの新生へ……。

その間にも、芸術を真剣に考えるすべての者の義務は、明らかだ。無知と愚かさの結果（よく言えば喪失だ）から、世界を救うために全力を尽くすことだ。

芸術の喪失の後に、変化のなかでも最も情けない変化が生まれないように、つまり、絶滅した野蛮が新しい野蛮に置き代わるなどとならないように、努力すべきだ。

たとえ、芸術を心から願う者などほとんどいなくて弱体で、ほかには何もできないとしても、少なくとも伝統の一部、過去の記憶の一部を生かし続けることだ。そうすれば、新しい息吹が生まれたとき、それを無駄にせず、必要最小限で、新しい精神のためにまったく新しい形を創造することができる。

無意識の英知――古代芸術に学べ

では、その任務のために、私たちは何に頼るべきか。世界の偉大な芸術の恩恵を真に理解し、それなしには平和な良き生活も確実に失われると考える私たちは、いったい何に依拠すべきなのか。

それには、古代の芸術の認識から始めなければならない。無意識の英知が生んだと言われる芸術だ。その起源は特定できないが、少なくとも、先日、漂積物の中から出土したマンモスの骨などに刻まれた、風変わりで優れた模様が作られた時代にまでさかのぼる。

この無意識の英知による芸術は、もはやすべて死に絶えてしまった。残っているものはほとんどなく、半文明社会に残っているなごりも、年々、粗雑でか弱くなり、知性に欠けていっている。いや、そのほとんどは、ヨーロッパからの染料が少し届いたとか、また欧州商人からの注文が少しついたとかいう商業上の偶然に左右され、翻弄されている。

芸術を尊ぶ者はこのことを認識しておくべきだ。喪失が、意識的で知性的な新生芸術で満たされるように、現在の、いや過去のどの芸術が生み出したよりも、賢明で素朴で自由な暮らしが営まれる日を、やがて目にすることがあるようにと、願おうではないか。

「やがて**目にする**」と私は言った。だがこれは、私たち自身がこの目で見るという意味ではない。遠い将来かもしれない。人によっては、遠すぎると感じるために、ほとんど考える値打ちもないと思うかもしれない。だが、希望がたとえ微《かす》かだからといって、壁に向かって、何もせずにのんべんだらりと過ごすことができない者もいるのだ。

こんにちの芸術は腐敗の最終段階にあり、そのあとには必然的に、あらゆる邪悪がともなう——こういう兆候は、あまりにも明白だ。だが同時に、（これまで述べた）訪れるであろう芸術の夜、その夜の向こうに、夜明けの兆しがまったくないというわけではない。

その兆しとは、基本的に、現状に心底から不満で、何かより良きものを、あるいはその見通しだけでも見たいと切望している者が、少数であっても存在していることだ。これは最高の兆しではないか。

いつの時代でも、もし数人の者が、自然と調和するなんらかのことを実現しようと、真剣に心を決めてかかれば、それはいつかは実現するものだ。数人の心に、同時にある考えが浮かぶのは偶然ではない。それらの者は、世界の心臓部で渦巻く何かに押され、声を出し行動せずにはいられなくなっているのだ。そうでなければ、表現されないまま残されてしまう何かだ。

さて、芸術の改革を渇望する者は、では、どのような手段を取るべきなのか。また、美しいものを持ちたいという熱望、さらには美を創造する能力を発達させたいという願望を、いったい、誰の胸に燃え立たせるべきなのだろうか。

人は、私によく言う。「もし、自分の芸術を成功させ繁盛させたいなら、上流社会の流行にしなければならない」と。正直なところ、この表現にはうんざりだ。なぜなら、それは、自分の仕事に費やすのは1日だけにして、金持ちや指導者気どりの者を納得させるために、倍の日数を働け、ということではないか。そういう者は、芸術など本当はまったく気にもかけていないのに、まるで大いに関心があるかのようにふるまっている者だ。こうして、「長い物には巻かれよ」という諺《ことわざ》のとおりに、付和雷同していくのだ。

事態がしばらくこのまま続くのに満足なら、そういう進言をする人たちも正しいだろう。あっという間に閉まるドアに鼻をはさまれないように気をつけて、少々の金を稼いでいるあいだは、いいだろう。だが、事態に満足でない者にとっては、これは間違っている。

進言する彼らが念頭に置いている（上流の）人々は、気が多すぎて、うまくいかないことは簡単にあきらめる。だから、その気まぐれに従っておいたほうが安全だ、ということになるのだ。もっとも、簡単にあきらめるのも彼らのせいではない。しかたがないのだ。そもそも、彼らは、なんらかの実用的芸術を知るに足る時間を費やす機会など、持っていない。ただ、利益のためにあれこれの流行を生み出そうとしている人々に、どうしようもなく振り回されているだけなのだ。

先導するのは実践者——工芸職人だ

皆さん、このように、儲けのために芸術を弄《もてあそ》ぶ人々、そして、唯々《いい》諾々《だくだく》とそれに従っている人々からは、救済策は生まれない。

装飾芸術を救う唯一の道は、それを実践している者からしか生まれない。そして、そういう人たちは、誰かに従うのでなく、自らを導かなければならない。

自分の手を使って芸術作品を作ろうとするあなたたちは、すべて芸術家でなければならない。それも、立派な芸術家であるべきだ。世の人々がこれらの芸術に本当の興味を示すようになるのは、それからだ。そして、皆さんがそうなれば、流行を創りだすのは、間違いなく皆さんだ。流行は、あなたがたの手が作り出したものに、おとなしくついてくる。

これが、英知にあふれた民衆の芸術を生み出す唯一の道だ。だいたい、現在、芸術家とか呼ばれている二、三人の者に、いったいどんな仕事ができるのか。いわゆる商業（だが実際は金儲けの欲望でしかないが）に抗して、何ができるというのか。

滑稽にも製造者《マニュファクチャラー》と呼ばれる連中に囲まれて、心細い思いで働くしかないではないか。彼らは製造者、つまり工芸職人と呼ばれているが[※1]、実際には、これまでの人生で、ほとんど手を動かして物を作るなどしたことがなく、資本家かセールスマンでしかない。

年々、恐ろしいほど大量の「装飾芸術」と称する物が生産されるなかで、砂粒のような者に何ができるというのか。そんな装飾は、売りこもうとするセールスマン以外は、誰も気にかけないようなしろものだ。綺麗だからではなく、新しいから欲しがる世間の欲求を満たそうと、必死で売りこむのだ。

注1　manufacturerとは元々「手を使って作る人」という意味で、工芸職人と同義。マニュファクチャラーという表現が馬鹿げているという主張は繰り返し語られる。

繰り返して言うが、もしやる気があるなら治療法は明白だ。芸術が分離したときに芸術家に置き去りにされた工芸職人が、芸術家に追いつかなければならない。芸術家と肩を並べて仕事しなければならない。偉大な師匠と学徒という違い、あるいは元々からの気質の違い以外には、狭い意味での装飾関係の仕事に取り組む者のあいだに、差があってはならない。生来の傾向によっては、模倣を主とする人もいれば、建築芸術家、または装飾芸術家となる人もいる。そして、この問題に取り組む芸術家団体は、物づくりをする人々すべてが、制作物の使途と必要性に応じて、芸術家となるように速やかに促さなければならない。

この実現を阻む途方もない困難、社会的経済的な困難が待ち受けていることは、承知している。それでも、そう見かけほどは困難ではない、と私は思う。それに、確かなことは、これが不可能なら、真実の生きた装飾芸術などありえないということだ。

これは決して不可能ではない。それどころか、芸術の促進を心から望んでいるなら、必ず実現できる。世の中がそんなに騒いでいる物事（私には、そのほとんどが、骨を折る値打ちがあるとは思えないが）を、美と品位のために少し犠牲にするなら、芸術は必ずまた育っていく。先に述べたような困難のいくつかは、人間の相対的状況が着実に変われば、氷解していくだろう。残りは、理性があれば、そして自然の法則――それは芸術の法則でもあるが――に揺らがぬ関心を注げば、しだいに解決されていくだろう。

もう一度言おう。意志がありさえすれば、求める道はすぐそこにある。

もっとも、たとえ意志があり、道はすでに眼前に伸びているとしても、それは、一見して荒野への旅かもしれないから、それで挫《くじ》けてはいけない。荒野どころか、しばらくのあいだ、事態はより悪くなるように見えるかもしれない。改革すべき邪悪というものは、最初はより醜く見えるのが普通なのだ。生命と知恵が新しいものを築くかたわらで、愚かさと死は古いものにしがみつくものだから。

すべての物事がそうであるように、ここでも、事態が正されるまでには時間が必要だ。そして、やるべきことなら、小さなことでも厭わない忍耐力と勇気が必要なのだ。また、土台が充分築かれる前に壁を造ったりしないように、配慮と警戒心もいる。いつも何ごとに対しても、失敗を簡単に放り出さないで、教えを乞い、常に学ぶ謙虚さも必要だ。

自然と歴史とに学べ

その場合、教師となるのは自然と歴史だ。自然については、それに学ぶべきだということはあまりにも明らかだから、ここで詳しく説明する必要はないだろう。あとからこの点について詳述するときには、自然から学ぶ方法について触れることにしよう。

後者の歴史についてだが、最高レベルの天才は別にして、こんにちでは、古代芸術をしっかり学ばなければ誰も何もできないだろう。またそういう天才でも、古代芸術を学んでいなければ支障が出る。

ところで、私が古代芸術の死について述べたことや、芸術は現代的特色を持つべきだと示唆したこととと、これは矛盾すると思う人もいるかもしれない。そうだとしたら、私はこう言うしかない――こんにちのように、知識は氾濫しているが実行がともなわない時代には、古代の作品から直接学ばなければ、周りにあふれている貧弱な仕事に影響されてしまう。古代芸術を理解**しないままに**、比較的ましな模倣作品を真似てしまうことになる。これでは、知性あふれた芸術を生み出すことなどまったくできない。

だから、古代の芸術から賢く学ぼう。そこから教えを受け、情熱を得ようではないか。しかも、その模倣や繰り返しはしないという決意を常にしっかり持とう。まったく芸術なしでいくか、それとも、私たち自身の芸術を創り出すか、二つに一つなのだ。

とはいえ、ここはロンドンであり、ロンドンがどんな状況にあるかを考えると、みなさんに芸術の歴史と自然から学ぼうと訴えるなんて、身動きならない事態にはまりこむようなものだ。

このおぞましい通りを日々行き来している労働者たちに、どうして美に関心を持ってほしいなどと頼むことができるだろう。これが政治なら、関心を持つに違いない。あるいは科学なら、自分の状況などあまり気にせずに、事実の研究に没頭することもできるに違いない。でも美はそうはいかない！

ここまで言えば、長いあいだ芸術が無視されてきたために——これは同時に理性の無視でもあるのだが——芸術がどんな恐ろしい困難にとりつかれているかが見えてきたのではないだろうか。

それほど深刻な問題なのだ。いったいどんな努力をもってすれば、どんなに必死の力を出せば、この困難を振り払うことができるのだろう。あまりにも深刻な問題なので、私は、いったん、この問題を脇に置かざるを得ない。そして、歴史とその賜物《たまもの》から学ぶことが、皆さんをなんとか助けるようにと願わざるを得ない。

偉大な芸術的時代の作品や、その時代そのものによって、皆さんが本当に心を満たすことができるなら、先に述べたような醜い環境を、ある程度見抜くことができるようになり、現在の粗暴さやいいかげんさに、不満を感じるようになると思う。そしてついには、ひどい状況に我慢しきれなくなるのではないか。複雑な文明をこんなにも辱めている汚らしさ、近視眼的で見境のない蛮行ともいうべき汚らしさを、これ以上は我慢しない、と決意するのではないか。そう、私は願っている。

まあ少なくとも、ロンドンはいろんな博物館があって、この点では恵まれている。私は博物館が週6日ではなく、毎日開館してほしいと心から願っている。あるいは、忙しい庶民、博物館を支える納税者の一人が、基本的に静かに見学できる唯一の日[※1]に、せめて開館してほしいと思う。芸術に魅かれる天性を持つ者なら誰でも、間違いなく、博物館に足繁く通えば大いに勉強になるだろう。

もちろん、国が保有する莫大な芸術的宝物から、すべての良さを可能なかぎり吸収しようと思えば、予備的な研修を受ける必要がある。断片的な見方でしか見られない人もいるだろう。それに、大事に保管された欠片《かけら》から、暴行や破壊やなおざりにされてきた過去が読み取れるから、博物館にはどこか陰鬱なところがあることも否定できない。

美は宮殿ではなく、農家にある

さらに言うと、博物館ほど総合的ではないが、もっと近しく、快い作品を学ぶ機会もあることはある。この国の記念建造物を見ることだ。

※1　おそらくモリスは日曜日を指しているだろう。キリスト教では日曜日は安息日なので、働き詰めの労働者でも、日曜日なら少し自由になる時間がある。

ただ、残念ながら、機会は多くない。というのは、私たちは、レンガとモルタル建築がもてはやされる時代に生きており、偉大なウェストミンスター寺院の残影と、そのそばのたぐいまれなウェストミンスター・ホール以外は、ほとんど残されていないからだ。残影というのは、ウェストミンスター寺院の外面は、愚かな建築家による修復のために破壊され、壮麗な内部は、もったいぶった葬儀屋のごまかし[※1]と、2世紀半にわたる無知と虚栄心のために辱められてきたからだ。

しかし、くすんだ世界を超えて見抜く力があれば、自然のなかに編みこまれ、完璧にその一部となって息づく祖先の作品を、田舎では目にすることができる。ほかでもないイングランド[※2]の田舎には、そして人々がそういうことを愛していた時代には、人間が作った作品と人間を形成した土地とのあいだには、深い共鳴があった。

もちろん、イングランドの土地はわずかだ。狭い海に囲まれていて、広がって大きくなる余地はないようだ。圧倒されるような侘しさに満ちた荒野が広がっているわけでもないし、人里離れた深い森もなく、壁のようにそびえる前人未踏の恐ろしい山脈もない。すべての土地は人間に見定められ、足を踏み入れられ、変化し、たやすく次の段階へと移ろっていく。

小さな川、狭い平野、丘、うねるように続く台地。そのあらゆるところに、端麗で整然とした木が茂っている。小さな丘、小さな山には、羊のための石垣が縫うように走っている。すべてが小規模だ。だが、間が

※1　寺院の内部には時の権力者などの大きな棺が多くあるが、モリスは、これは、金儲け主義の葬儀屋が寺院当局をそそのかして作らせたものだと皮肉っている。

※2　日本語でイギリスという場合は、イングランド、スコットランド、ウェールズ、北アイルランドを含めた全体（United Kingdome）を指す。ここではモリスはさしあたりイングランドだけを指しているので、イギリスとはせずイングランドとした。

抜けているわけでもなければ、虚ろでもなく、むしろ真面目な趣きがあり、求める気さえあれば、豊かな意味合いにあふれている。わが故郷は、監獄でもなければ宮殿でもなく、品位ある家庭だ。

これらすべて、私はほめるわけでも非難するわけでもない。ただ、そうだと述べるだけだ。なかには、この家庭的な雰囲気を過剰に持ち上げ、まるで世界の中心のように語る人たちもいるが、私はそうはしない。自分自身や所有物すべてに対するプライドで目がくらんでいないかぎり、誰もそうはしないだろう。また逆に、その野性味の欠如を軽蔑する人たちもいる。だが私はそうもしない。もちろん、地球上のどこかに、驚異的な場所も、恐ろしい所も、言葉にも表せないほどの美しい場所もないとしたら、辛いのは確かだが。

それに、考えてみれば、世界の歴史のなかで、過去、現在、そして未来においても、この土地が占める位置は小さい。まして芸術の歴史のなかで占める位置はなおさら小さい。

しかし、それでも、私たちの祖先が、このロマンティックでも波乱万丈でもないイングランドの土地にしがみつき、心を配り苦労して彩りを添えてきたことに思いを馳せると、胸は高鳴り、希望の火が燃え上がるのもまた確かなのだ。

土地もそうだが、民衆が心を砕いてきた時代の芸術もそうだ。それは、壮観さや巧妙さで人々を魅きつけようとはしない。多くの場合、その芸術はありふれており、荘厳さを誇ることはほとんどない。だが、わが祖先の芸術は抑圧的だったことはないし、奴隷の悪夢であったことも、高慢な大言壮語であったこともまったくない。そして最盛期には、偉大な様式でも決して越えることのできない、創意と個性に富んでいた。

その核心をなす最良の成果は、貴族の館や強大な大聖堂と同様に、自作農の農家や質素な村の教会に惜しげもなくあふれていた。往々にしてかなり荒削りではあるが、心優しく自然で気どらない農民の芸術であり、決して商いに精出す王子や廷臣たちの芸術ではない。

そのなかで生まれ育った人間であろうと、壮麗な異国で育ってこの質朴さを不思議に思っている人であろうと、これを愛さずにいられるのは、非情な心根の持ち主に違いない。

これが、農民の芸術だ。大邸宅などがいわゆる「みごとなフランス様式」で建設されていった一方で、農民の芸術は人々の生活にしっかりと根づき、多くの地域の小百姓や自作農のあいだに生きつづけてきた。いまでも、風変わりな織りのパターンや版木、刺繍模様がたくさん残っている。

だが、海外の馬鹿げた虚飾は、すべての自然と自由を消滅させた。芸術は、とくにフランスでは、成功を高笑いしていた悪党どもの表現手段に成り下がってしまった。その悪漢たち自身はすぐに奈落に落ちて、もはや戻ってこない。

イングランドの芸術はこういうものなのだ。その意味で、歴史はみなさんの玄関先にある。だが、しだいに減少し、年々希少になっている。欲による破壊で減っているのは確かだが、それだけではない。現在「復原」と呼ばれるもう一つの敵からも、攻撃されているのだ。

金儲け主義による「復原」は

「復原」について長話をすべきではないが、しかし、古代の記念碑的建造物の研究を強調したからには、この問題をまったく飛ばすわけにはいかない。
現状はこうだ――古い建物は、何世紀にもわたって手を加えられ変化してきた。多くの場合、美しく、常に歴史的視点でおこなわれてきた。古い建築物の価値の大半は、まさにその変化にある。もちろん、それらの建物は放置によっても損なわれてきたし、戦さの犠牲になることも多かったが（戦乱の歴史は、たいていなんの面白味もない）、通常の自明の修繕で、たいてい、いつも持ちこたえ、自然と歴史の産物は維持されてきた。

しかし、最近、中世建築の研究が進み、知識が増えたのと軌を一にして、宗教的建築物への熱烈な関心が異常に高まり、人々はこれらの建築物に資金投資するようになった。それも、単なる補修、つまり、建築を安全に清潔に風雨から守る補修ではなく、彼らの思うところの、完璧な状態に「復原」しようというのだ。可能なら、宗教改革以降の痕跡を、いや、しばしば、それよりもずっと以前の痕跡まですべて拭い去ろうとする。

これは、芸術の無視ゆえにおこなわれる場合もあれば、狂信的な宗教心でなされる場合もあるが、芸術的に良かれと思って実施される場合が多いのだ。しかし、今晩の私の話を聞けば、皆さんもわかっていただけるはずだが、復原するなどは不可能で、それは建築に決定的ダメージを与える試みなのだ。芸術と歴史を学ぶ者にとって、建築の大半がほとんど無意味なものになるなんて、考えてみたくもないことだ。

もっとも、豊富な建築の知識がなければ、ああいう危険な「知ったかぶり」によって、いかに恐ろしい損失がもたらされたかは、おそらく理解できないだろう。だが、少なくとも、価値ある国民の記念建造物を無責任に扱うなど、国にとってまことに情けない貢献だということは明らかだろう。ひとたび失われてしまえば、それらの建物は、りっぱな近代芸術でもってしても決して置き換えることはできないのだから。

考えを凝縮させ、あらゆる方法で学べ

古代芸術についてこれまで語ってきたことから、私が教育という場合には、デザイン学校で学ぶ限定された芸術よりもずっと広いものを意味していることは、わかっていただけるだろう。程度の差はあれ、それは自分自身で身につけなければならないものだ。

問題について自分の考えを体系的に凝縮させ、あらゆる方法で学び、注意深く労を惜しまず実践し、かつ、技量とデザイン向上のために、良いとみなされていることのみを実行する、そういう決意を持つことだ。

しかし、もちろん、芸術を学ぶ手段という意味でも、また芸術の実践という意味でも、すべての工芸職人は、ていねいに絵を描くことを習わなければならない。実際、身体的に無理な人以外はすべて、絵画を教わるべきだと思う。ただ、そうして教えられる絵画は、デザインという芸術そのものではなく、その目的に向かう手段にすぎない。つまり、**芸術に携わるための一般的能力**である。

わざわざそう強調するのは、**デザインする**ということは、学校では決して教えることはできないからだ。デザイナーとしての素質がある人なら、練習を継続することによって、自然にも芸術にも常に目が開けるようになるだろう。

ある程度のデザイン能力を持つ人の数は、確かにかなり多い。彼らは、必要な道具を望むように、学校で一定のテクニックを学びたいと思っているだろう。また、いまは、良い訓練をおこなっている最良の学校が衰退期にあるから、当然、彼らは芸術史についての授業を望むだろう。デザイン学校は、この二つの分野（テクニックと芸術史）を与えることはできる。

だが、デザインの科学という名のエセ科学から導き出した法則で、近道を行こうとしても、その道はどこにも通じていない。むしろ、振り出しに戻るだけだ。デザインそれ自身は、科学ではなく、別の約束事の組み合わせだ。

装飾に携わる人たちに、どういう絵画を教えるかという点に戻ろう。最良の方法はただ一つで、それは、人物像を描くよう教えることだ。人体はほかの何よりもずっと微妙であり、うまく描けていなければすぐにわかり、正しく直すことができるからだ。

希望する人すべてにこれを教えれば、芸術の復活に大いに役立つにちがいない。創造力が芽生えかけているすべての人が、正しいか間違っているかを見極める習慣を持ち、いい線を描くのを楽しむ感覚を味わうなら、まさに言葉の意味どおりの「教育」となることだろう。

もちろん、先にも述べたように、こんな時代に、過去など気にかけないようにふるまうのは、浅はかなことで、過去も学ばなくてはならない。

社会的経済的条件が立ちはだかっていなければ、つまり、装飾芸術の余地を許さないほど世界が忙しがっていないとすれば、装飾芸術をわがものにする**直接の**手段はこの二つの方法（芸術史とテクニック）となる。つまり、心を広く耕して豊かにし、目と手の能力を全般的に養うわけだ。

おそらく皆さんにとって、これはとてもありきたりのアドバイスで、まわりくどいように聞こえるかもしれない。しかし、今夜のテーマである新しい芸術創出のための道を、どんな道であれ皆さんが切望しているのなら、これが確実な道なのだ。

皆さんが新生芸術を望まないなら、さらに、（ついさっき述べた）人に本来備わっている創造力の芽生えが無視され、発達させずに捨てておかれるなら、自然は、その点においても他の分野においても、自らを貫くだろう。そして、デザイン能力は、しだいに人類から消え失せてしまうだろう。皆さん、人間を**人間たらしめている**知性の大部分を投げ捨て、果たして、私たちは完成の域に近づくのだろうか？

さて、この講演を締めくくる前に、皆さんに注目してもらいたい問題がある。身過ぎ世過ぎにかまけて芸術を無視してきたために、発展の立派な道を塞いで大きな障害になっている事柄《ことがら》、早く対処しなければ、取り組みの出発点に立つことすら困難であるような事柄である。

ところで、私の話が深刻になりすぎていると思うなら（もちろんそれでは困るのだが）、どうか、ぜひ、私が先に述べたことを思い出していただきたい――すべての芸術は互いに絡み合っているということだ。

さらに、エドワード3世時代の古い建築家（オックスフォードのニュー・カレッジを築いた人だ）が考えた、芸術の分野についても言及しておこう。この人は「ふるまいが人間をつくる」というモットーを掲げた。ふるまいということによって、道徳的に生きるすべ《アート》、立派に、つまり人間として生きるすべ《アート》を表現したのだ。この意味での芸術《アート》も、また、私のテーマであると申し添えておこう。

まがいものの仕事があふれる世界で

世の中には、まがいものの仕事があふれている。買い手に有害で、売り手にはさらに有害だ。もっとも売り手がそれを自覚していたらの話だが。そして、作り手にとって最も有害なのだ。私たち工芸職人が、すべての物を卓越した技量で作り出そうと決意したら、良き装飾芸術・工芸の確固とした基礎が築かれるに違いない。ところが現在は、まったく低水準の仕事や、それ以下の物が氾濫している。

この問題について、あの階級が悪いとか、この階級が悪いとか責めるつもりはない。すべての階級に責任がある。わが階級・工芸職人の欠点については、お互い充分承知しているから、ここではとくに述べない。そもそも、世間の人々は、安く買おうとしすぎる。あまりにも無知で、安く買った物が、胸の悪くなるようなしろものだとわからないのだ。作った人間に、ふさわしい対価を与えているかどうかを知らないし、知ろうともしない。

そしていわゆる製造業者は、品質の競争ではなく、ぎりぎりの安売り競争だけを考え、買い得品を漁る人に妥協して、彼らが求める安値で、胸糞の悪い製品を陽気に売りつける。これは詐欺と呼ぶしかないやり方だ。最近のイングランドは、銀行で金の枚数を数えることだけに忙しく、作業現場としっかり付き合おうとしない。その結果皮肉なことに、金を数えようにも、現在の不景気で注文まで少なくなってしまった。

まがいものが氾濫する責任はすべての階級にある、と私は述べた。だが問題の解決は、工芸職人にこそかかっている、と強調しておきたい。

工芸職人は、世間の人のように事態に無知ではない。また製造業者や仲買人のように強欲である必要もなければ、孤立もしていない。だから、世間を教育する義務も栄誉も、彼らにかかっている。しかも彼らには、結社や組織の芽生えがあり、これが任務達成をたやすくすることだろう。

工芸職人は、いったい、いつ、この問題を引き受けるだろうか。人間のふるまいというこの重大な問題について、いつ、声を上げ、私たちが一人前の人間になるのを助けてくれるだろうか。いつになったら、適切な値段で楽しく品物を**買う**喜び、さらには正当な値段で、良い出来栄えに誇りを持って品物を**売る**喜び、拙速にではなくまっとうに働いて、誇れる物を**作る**喜びで、生活を彩ることができるようにしてくれるだろうか。ちなみに、これら三つの喜びのなかで最も大きいのは3番目のもので、こんな喜びは、世の中にほかにないと私は思っている。

こういう人間のふるまいの問題は、テーマの枠外だと言わないでほしい。これは基本的に問題の一部で、しかも、最も重要な点だ。芸術を私たちの時代で絶えさせないために、皆さんに芸術家であってほしいと、私はお願いしているのだ。芸術家が、何があろうとも素晴らしい仕事をしようと決意している労働者でないとしたら、いったい何なのだろう。

あるいは、こう言いかえてもいい。職人が、作ったものを装飾するのは、労働を成し遂げる人間の喜びを表わさずにはいられないからではないのか。もし仕事がうまくいかずろくでもない物しかできないなら、いったい、どこに喜びがある？　そんなものを装飾するだろうか。そして、労働がいつも納得いかないものだとしたら、いったい、どうして耐えていけるだろう。

ズルをしても利益を稼ぎたいという欲望、自分の働き以上に稼ぎたいという欲望を持つと、私たちは道を誤って、まずい仕事やごまかしの仕事をしてしまう。すべての激情と同様に欲は自己増殖するが、そういう欲で積み重ねられた大小の金《かね》の山は、不幸なことに、私たちを支配する見せかけの優越性を持ってしまった。そして、贅沢と見栄を好むという障壁を、芸術のなかに築いてしまった。障害のなかでもこれは明らかに最悪だ。上流階級や教養ある階級も、その俗悪さと無縁ではないし、下層階級もその見せかけにとらわれている。

これを治すために、覚えておいてほしいことがある。私の主張をより正確に言うことにもなるのだが、そもそも、役に立たない芸術作品などというものは存在しえない。役に立たないとは、精神がしっかり統率する肉体の、必要性を満たさない、ということであり、健康な身体に宿る精神を楽しませリラックスさせ高めることができない、ということだ。

この原則を適用すれば、あたかも芸術品であるかのように装った、どうしようもないガラクタが、ロンドンの家々から何トンも取り除かれることだろう。もっとも、この原則が理解され、それに基づいた行動が取られたらの話だが！

台所は別として、金持ちの家には、何かの役に立つと思える物は、ほんのわずかしかない。いわゆる飾り物は、それが好きだからではなく、見せびらかすために置かれている。繰り返すが、この馬鹿げた事態は、社会のあらゆる層にはびこっている。貴族の応接室の絹のカーテンは、召し使いの鬘《かつら》に振る髪粉と同じ程度の美的関心しか、持たれていない。他方、田舎の農家の台所は、たいてい最も気持ちのよい家庭的な場所だ。ただ、居間は陰鬱で使いものにならない。

そんなに金を儲ける必要があるのか

だから、心から良き芸術の新生を求めているなら、素朴に暮らし、簡素さを愛でるセンス、つまり、心地よく気高いものへの愛を育てることが、何にもまして必要だ。田舎家でも宮殿でも、あらゆる所で簡素さが求められる。

さらに付け加えれば、田舎家でも宮殿でも、すべての場所に清潔さと品位が必要だ。それがないのは、人間のふるまいという点で大きな問題であり、正すべきだ。清潔さと品位の欠如、さらに、人生におけるあらゆる不公平、その不公平を生み出した何世紀にもわたる無分別と無秩序、これらは改められるべきだ。

にもかかわらず、これを最大限の範囲にわたって考えはじめた人間は、ほんの少ししかいない。都市に焦点を絞って見てみよう。商業がもたらしたあの大都市の醜悪さを、いったい、誰が気に留めているだろう。誰が、その汚さと醜悪さを抑制しようとしているだろう。思慮もなく、無責任があるだけではないか。何かをなすにはあまりにも人生は短いと無気力になっている人々、そして仕事を始めるに必要な雄々しさも洞察力もなく、次の世代に、そのまま引き渡す人々がいるだけではないか。

いったい、そんなに金を儲ける必要があるのか？　ロンドンのわずかな泥土で得られる金のために、家並みのあいだに生える気持ちのよい木々を切り倒し、古い尊い建物を取り壊す。川を汚し、太陽を曇らせ、煙やもっと有害なもので大気を汚染する。それでも、誰も、それに心を配り改めるのは自分の責任だと考えていない。これこそ、すべて、作業場を考えない金の亡者、現代の商取引がもたらしたことだ。

利己主義と贅沢のもとでは、芸術は病気になる

ところで、科学はどうか。私たちは科学をこよなく愛し、それに勤勉に従ってきた。科学は何をしてくれるのか？　残念ながら科学は、銀行屋に、そして練兵係の軍曹に雇われてしまって忙しく、いまのところほかには何もしようとしない。

でも、やろうと思えば、科学には簡単にできることがあるはずだ。たとえば、マンチェスター※1に町の煙をどうなくすかを教えるとか、黒い染料の残りを川に流さずに取り除く術を、リーズ※2の町に教えるとかだ。最高純度のアヘンの作り方や、役立たずの大型銃兵器の生産方法を考えるのにずいぶん関心が払われているが、それと同じくらい、関心が払われてもいいことではないか。

どのようになされるにせよ、世界をおぞましい場所にせずにビジネスをおこなおう、と発想するようにならないかぎり、人々が芸術のことなど考えるはずがあるだろうか？　これらをたとえわずかでも改善しようと思えば、大変な時間と資金がかかることはわかっている。

だが、自分のためにも人のためにも、愉快に暮らし、それを誇れるようにすることほど、良い時間と金の使い方があると思えない。そして、町々の品位を高めるために真剣に取り組めば、その結果もたらされるよ

※1　イングランド第二の都市。ここから産業革命が起こったと言われる。
※2　ウェストヨークシャー州の都市。衣服産業の中心地。

り良き生活は、国全体にとって、金銭に代えがたい値打ちがあるではないか。たとえ、結果として、芸術がそれで特別な恩恵を受けなくても、これは価値あることだ。

そうなるかどうかはわからないが、人々がこれに注意を向けるようになれば、希望が持てる。繰り返すが、人々がそうならないかぎり、芸術の向上に、なんらかの希望を持って取り組むことなどできない。

少なくとも、すべての人々が、自宅や隣人の家に、何か目を喜ばせ心を和ませる物を持つようにならないかぎり、あるいは、人間の住む街が動物の棲む野原よりもみすぼらしい状態がなくならないかぎり、芸術の実践は、少数の教養人の手にほぼ独占されることになる。

そういう少数の人たちは、頻繁に綺麗な所に出向くことができ、教育のおかげで、世界の過去の栄光を偲ぶこともでき、大多数の庶民が陥った日常生活の惨めさに目を閉じていられる人たちだ。

だが、芸術は、陽気な自由さや心の広さ、そして現実に共鳴して鳴り響くものだ。だから、こんな利己主義と贅沢のもとでは、病気になる。こんな排他的で孤立したかたちでは、芸術は生きていけない。

いや、もっとはっきり言おう。私は、芸術がこんな状態で生きていてほしくないのだ。自分だけが芸術に囲まれて楽しむなどというのは、包囲下の砦で兵士たちが飢えているのに、金持ちがぬくぬくとおいしいご馳走を食べているようなものであって、まっとうな芸術家にとっては耐えられない。

金持ちだけの芸術なら、一掃されるほうがいい

私は、少数のための芸術など望まない。それは、少数のための教育や、少数のための自由を望まないのと

同じだ。

いや、少数の特権階級のあいだで、貧相で薄っぺらに芸術が続くくらいなら、むしろ、すべての芸術が、しばらくのあいだ世界から一掃されるほうがいい。そういう少数の人々は、自分たちの責任であるにもかかわらず、下にある者たちの無知を嫌い、変えるために闘いもしないで、彼らが野蛮だと嫌っているのだ。先に述べたように、芸術が死ぬ可能性はある。だが、守銭奴の穀倉で朽ち果てるより、小麦は大地に還ったほうがいい。そうすれば、少なくとも、暗闇の土中で再び成長するチャンスがあるかもしれないのだ。

それでも、私は、ある意味でこうも信じている——すべての芸術が清算される事態は起こらないかもしれない、と。人々がより賢明になり、もっと学ぶようになるかもしれない。私たちは多くの生活上の複雑さを、新しいからとか改善されたからとかいって、必要以上に自慢に思っているが、そういう複雑さは、そのうち役目を果たし終わり、もはや役に立たないと投げ捨てられるかもしれない。

また私は、戦争——商業戦争も、弾丸と銃剣の戦争も——が、なくなってほしいと願っている。思慮分別を曇らせるような知識から解放されること、とりわけ金銭欲から解き放たれること、そして、いま金がもたらしている圧倒的な優越性への執着から解放されることを願っている。

私たちはいま、部分的であれ、**自由**を実現したのだから、いつの日か**平等**をも実現することだろう。それはまさに**友愛**を意味するのだから、そうなれば、貧困や、貧困から生まれるすべての呪縛と惨めさから解放されることだろう。

解放された芸術は、街を林のように美しくする

こういうすべての事柄から無縁になれば、一新されたシンプルな暮らしのなかで、信頼できる日々の友である労働について、考える余裕ができるだろう。そして、もはや、誰も呪われた労働などと罵らなくなる。なぜなら、もうそのときには、人間は楽しく労働し、すべての人が、それぞれの居場所を見つけ、他人を妬《うらや》まなくなっているからだ。誰も他人の**召使い**になれと言われることはなく、誰も誰かを支配している**ご主人様**だと嘲笑されることもない。そうなれば、人々は間違いなく、幸せに仕事し、その幸せは、きっと気高い**民衆の**装飾芸術をもたらす。

それは、私たちの街を林のように美しくし、山々のように元気づける。それは喜びであり休息であって、広がる田園から町に入ったときに感じるような重苦しさではない。誰の家も清らかで品位があり、住む人の心を和らげ、仕事をしやすくする。

私たちを取りまく品々、私たちが使う品々は、すべて自然と調和し、道理にかなっており、美しい。すべて簡素でいて煌《きら》めきを持っており、子どもっぽくもないし、鬱陶《うっとう》しくもない。どの公《おおやけ》の建物も、人間の精神と手腕が達成できる美しさに満ちて、荘厳であり、どの住居からも、無駄や虚飾や横柄さを示すものは消え、すべての人が**最高のもの**を共有している。

この夢、この希望の実現に力を

そんなことは夢だ、いままでそんなことはなかったし、これからもない、と皆さんは言うかもしれない。確かに、いままでは存在しなかった。だからこそ、世界は生きて動いているなかで、いつかそういう日が来るようにと、私は望まずにはいられない。

そうだ、これは夢だ。だがこれまでも夢が現実となっている。素晴らしくて必要なものが、現にもたらされているではないか。かつては、それなしに暮らしており、欲しいとすら望まなかったことなのに、こんにちは、それをまるで日の光のように当たり前に思っているものがあるではないか。

夢であるとしても、どうか、あなたがたの前に、この夢を示すことを許していただきたい。

なぜなら、これは、装飾芸術における私の仕事すべての根底にあり、この思いが私の心を離れることはないからだ。

そして、この夢、この希望の実現を手伝ってほしい、とお願いするためにこそ、私は今晩ここに立っている。

3

不当な戦争——英国の労働者たちへ

Unjust War — To the Working-men of England

1877年5月

「東方問題協会」（EQA）財政部長に就任したモリスが、労働者たちに発した宣言私たちを戦争に引きこもうとしているのは、いったい誰なのだ?

一部富裕層が権力を持てば、君たちの正当な望みを挫折させ、君たちの声を抑圧し、無責任な資本のもとに、君たちの手足を永遠に縛りつけることだろう。彼らこそが、私たちを不当な戦争に引きずりこもうとしている政党の大黒柱なのだ。

どうか、ためらいなど捨てて立ち上がり、不当な戦争には反対だと叫んでほしい。そして、わが中流階級に対しても、「同じようにせよ」と強く求めてくれたまえ。

友よ、仲間の市民たちよ

戦争の危機が存在している。その危機に立ち向かうために、行動を起こしたまえ。そんなことは理解できないとか、危機はほど遠いなどと言って眠りにつけば、目が覚めたときには、邪悪があなたの上に覆いかかっているかもしれない。もはやいまでも、危機はすでに戸口に佇《たたず》んでいるのだ。まだ間に合ううちに耳を貸し、よく考えてほしい。ほとんどの者にとって、戦争による負担、戦争による犠牲なんて、富や仕事や友人や親族を戦争で失うことになるなんて、耐えられない大問題だ。私たちは大きな犠牲を払うことだろう。労働者階級の友人たちよ、誰よりも、君たちが最も大きな犠牲を払うのだ。

そんな重い犠牲を払って、何を得ようと言うのか？　子孫に、栄光や富や平和をもたらすのか？　いや、違う。**正義の**戦争ならそういうこともあるだろう。しかし、こんにち、馬鹿者や臆病者が私たちに命じているのは、**不当な**戦争だ。そんな戦争を仕掛ければ、富を喪失して手に入れるのは、さらなる富の喪失であり、仕事を喪失して得るものは希望の喪失であり、友や身内を失って得るものは、父から子どもへとつながる敵でしかない。

不当な戦争なのだ。騙されてはいけない！　ロシアといま戦争をしても、すでになされた悪行を罰することにならないし、今後の悪行を妨げることにもならない。盗人であり殺人者であるトルコに対する正当な反乱を、鎮圧するだけだ。意味もなく、「力強い外交政策」を喚《わめ》く無為の馬鹿者の胸に、はかない喜びを起こさせるだけだ。

100年後に起こるかもしれない、あるいはまったく起こらないかもしれない侵略から、最愛のインド文配を守ろうとしているだけだ。そんなものは意気地なしの懸念だ。そして、ヨーロッパを驚嘆させようと、英国の陸軍・海軍を誇示するだけだ。トルコ債の所有者に、小さな希望を与えるだけだ。

英国の労働者諸君、いったい、このどれが、渇望するに値するのか？　死に値するのか？　このすべてが、最近よく語られる**英国の国益**というカテゴリーに当てはまるのではないか？

そして、表に**英国の国益**と書き、裏に**ロシアの悪事**と書いた旗を、私たちの顔の前で振りかざすのは、いったい誰なのだ？　私たちを戦争に引きこもうとしているのは、いったい誰なのだ？　英国の名誉を救済するという者たち、ポーランドの擁護者たち、ロシアの邪悪な行為を罰するという者たちを、見てみようではないか！

君たちは、彼らを知っているか？　証券取引所の欲深い賭け事師、陸海軍の暇な士官たち（哀れな者たちだ！）、クラブに集う疲弊した皮肉屋の紳士たちだ。そして、戦争で失うものなどない上流階級ののんびりした朝の食卓に、刺激的な戦争のニュースを届けようと必死の、売文のメディアの徒たちだ。最後に真打ちを務めるのは、国会の保守党トーリーだ。もっとも、その保守党を前回の選挙で「代表」として選んだのは、愚かにも、平和や理性や正義に飽き飽きした、私たちなのだ。

とりわけ、保守党を率いる老獪な出世主義者の大将ベンジャミン・ディズレーリは、ビーコンスフィールド伯爵にまで昇りつめ、その高見から、英国国民の不安な顔を、ニヤリと見下ろしている。ディズレーリが、虚ろな心と狡猾な頭脳で企んでいるのは、武力衝突だ。それはおそらく私たちの破滅をもたらす。少なくとも、混乱をもたらすのは間違いない。なんたる不名誉、なんたる恥辱。こんな指導者のもとに行進し、敵でもなんでも**ない**人たちに対して、ヨーロッパに対して、自由に対して、自然に対して、世界の希望に対して、不当な戦争を挑むなんて。

英国の労働者たちよ、もう一つ警告したい。君たちは気づいていないかもしれない。だが、この国の一部富裕層の心の底には、自由と進歩に対する苦い嫌悪が横たわっている。彼らの新聞は、上品そうな言葉で、それを覆い隠している。でも、彼らだけで交わす会話を聞くがいい。私は何度も見聞きした。彼らの愚かさと傲慢さを知ったとき、君たちの胸に浮かぶのは、果たして軽蔑だろうか、それとも怒りだろうか。

彼らは、君たちの階級や目標や指導者について、冷笑や侮辱抜きに語ることはない。もし、彼らが権力を持てば（それくらいなら、英国よ、消滅せよ）、君たちの正当な望みを挫折させ、君たちの声を抑圧し、無責任な資本のもとに君たちの手足を永遠に縛りつけることだろう。

そして、あえて言っておこう――彼らこそが、私たちを不当な戦争に引きずりこもうとしている政党の、大黒柱なのだ。

いったい、ロシアの人々は、君たちの敵でなどありうるのか？　私の敵でなどありうるのか？　保守党を支える富裕層こそが、すべての正義にとっての敵ではないか。

現在はまだ、彼らは私たちをほとんど傷つけられてはいない。だが、もし混乱と怒りのうちに戦争が、**不当な戦争**がもたらされれば、どうなる。そうなれば、彼らの力はどんなに大きくなることか、事態はどんなに後退することか？

仲間の諸君、そこに注意を払ってほしい。

そして、正すべき不正があると思うなら、また、自分たちの身分を着実に平和裏に高める、という最も尊い希望を抱いているのなら、知識とゆとりある時間を渇望するなら、始原以来、障害となってきた不平等を減らしたいと切望しているなら、どうか、ためらいなど捨てて立ち上がり、**不当な戦争**には反対だと叫んでほしい。

そして、わが中流階級に対しても、「同じようにせよ」と強く求めてくれたまえ。そうすれば、私たち全員が、厳かに辛抱強く、**不当な戦争**に（なんのためかも知らないままに）引きずりこまれることに抗議できるだろう。そんな戦争に勝利すれば、勝ち取るのは恥であり、喪失であり、非難である。そして、負ければ、いったい、どうなるのか？

英国の労働者諸君、君たちの激しい反対を前にすれば、戦争による影響を一番被《こうむ》る君たちの反対を前にすれば、どんな政府でも、英国とヨーロッパを**不当な戦争**の罠に嵌《は》めるほど狂ってはいない、と私は信じている。

正義を愛する者より

4

民衆の芸術
The Art of the People

バーミンガム芸術協会・芸術学校で、バーミンガム芸術協会総裁としておこなった講演
1879年2月

「歴史」は民衆を忘却したが、彼らの仕事は忘れられずに残っている。「歴史」に残っているのは王や武将だ。なぜなら、彼らは破壊したからだ。芸術に遺されているのは民衆だ。なぜなら、彼らは創造したからだ。博物館に残っている素晴らしい作品は、いわゆる「普通の人」が日々の労働の一環として作ったものだ。だが、現代文明がもたらした商業が、その芸術を殺してしまった。

私たちが広めたい芸術は、すべての人が共有でき、すべての人を高める良きものだ。真の芸術とは、労働における人間の喜びの表現だ。民衆による民衆のための芸術、作り手にも使い手にも幸せを生む芸術の種を蒔こう。暗い時代にも、未来を準備する職人たろう。

労働者は、労働に不可欠な体力を維持するためにパンを得ようとして、毎日必死に体力を費やす。こうして、悲しい循環を毎日繰り返すのだ。ただ働くために生き、ただ生きるために働く。まるで、疲労困憊しながらの暮らしの目的は、パンだけであるかのように。そして、毎日のパンを得るにはそういう暮らししかないかのように。

ダニエル・デフォー[※1]

友との対話だから、重い問題も真っすぐに語ろう

聴衆の皆さんの大半は、すでに美術を実践しているか、そのための特別教育を受けている方だと思う。だから、おそらく、美術実践の技術的な細部についての講演を、期待しておられるだろう。だが、私たちはみな、芸術を脅《おびや》かす問題に関心を持つからこそ、ここに集っているのは間違いないだろうから、私は、むしろ、社会一般の代表として、皆さんに芸術の問題を話したいと思う。

じっさい、芸術を特別に学んでいる皆さんが、私からとくに専門的なことを学べるとは思えない。皆さんはすでに、必要なことをすべて教えてくれる教育システムのなかで、優秀な先生たち（非常に有能な方々だと聞いている）から学んでいるのだから。もちろん、これは、皆さんが、芸術に捧げる第一歩を正しく踏み出しているとしての話である。

正しい第一歩とは、目標を正しく設定していること、また、たとえ表現には苦しんでいても、なんらかの

※1　作家、ジャーナリスト。『ロビンソン・クルーソー』が代表作。1660〜1731年。

形で芸術とは何かがわかっているということだ。さらに、本能的にこれだと感じている道を、断固として進む決意があることだ。そうでないなら、どんなシステムも、どんな教師も、真の芸術を生み出す助けなどできるはずがない。たとえ、その芸術がどんなにささやかなレベルであっても、無理だ。

皆さん方が本物の芸術家であれば、私が与えられるような助言は（どんな簡単な言葉で言われたとしても）すでに、もう充分知っているだろう。「自然を観察せよ。古代から学べ。人から盗まず、自分自身の芸術を作れ。自分がやろうと決めたことなら、いくら困難でも手間や辛抱を嫌がらず、勇気を出し惜しみせず達成せよ」

きっと、こういう助言は何十回も聞いたに違いない。そしてその何百倍も自分自身に言ってきたことだろう。そのうえに私が繰り返したとしても、皆さんにも私にも、毒にも薬にもならない。それほど当たり前のことであり、みんなが知っていることだが、実行は難しい。

さて、私にとって芸術の問題はとても重い。あなた方にとってもそうであってほしいと願う。芸術は、人間の思想に関わる重大問題と決して切り離すことができない。その実践の底に横たわる原則については、まともな人なら誰でも、たぶん、いや、必ず、自分の考えを持っていなければならない。

だから、今日はそういう問題を語らせていただきたい。私が語りかけたいのは、芸術に意識的に関心を払う人だけではなく、文明の進歩が子孫に何を約束し何を脅かすのか、と考えたことのあるすべての人だ。

芸術の未来には、いかなる希望や不安が待っているのか。文明とともに生まれ、文明が死ねば運命を共にする芸術。対立しあい、疑惑が渦巻き、変化する現代は、より良い時代を準備しつつあるが、じっさいに変化が訪れ、対立が収まり、疑惑が晴れたとき、芸術の面ではどうなっているのか。これが問題なのだ。まったく重いことではないか。思索する人なら誰でも考えずにいられないと思う。

だが、あまりにも普遍的で重要な問題なので、私などが取り上げるには、大きすぎると思われるかもしれない。私自身、同じ希望や恐れを持つ偉大な誰かの代弁だとでも思わなければ、皆さんの前であえて語りはしないだろう。

そういうことだから、勇気を奮って、この問題についてすべてを明らかにしよう。なぜなら、私はいま、他のどの都市でもない、バーミンガムにいるからだ。現在や自分のためだけに生きることに満足せず、新しく湧き起こることならなんでも、しっかり眼を見開いて、そこに少しでも真実があるなら、自らも努力し、互いにも協力し合う――そういう責任をきちんと引き受ける人々の町だからだ。[※1]

それに、この1年間、皆さんが光栄にも私をバーミンガム芸術協会[※2]の総裁として選んでくださり、今夜講演する機会を与えてくださったことも、忘れるわけにはいかない。だから、何であれ少しは皆さんの役に立つことを、自分の観点から真っすぐ述べなければ、私は義務を果たしていないことになる。

じっさい、これは、友人たちとの場なのだ。少々向こう見ずなことを言っても、友は許してくれるだろうが、偽りを語っては許してくれないだろう。

※1　バーミンガムは、親友の画家エドワード・バーン＝ジョーンズと、その妻ジョージアナを生んだ土地でもある。
※2　モリスの著作集の編纂者（メイ・モリス）は、別の講演の紹介では「バーミンガム芸術家協会」とも表現している。

芸術を見下す現代の風潮にどう立ち向かうか

皆さんの協会と学校の目標は、教育によって芸術を広く前進させることだと思う。大変立派な目的であり、この偉大な都市にふさわしい。また、うれしいことにバーミンガムは、頭を働かさずに偽りの暮らしを送ることなど、許さない町だ。こんな堂々たる評判を持つ町なのだから、皆さんも、この協会と学校が進めようとしていることは何か、そして、自分はその目的を本当に心にかけているのか、それとも、のんべんだらりと従っているだけなのかを、明確に自覚しているべきだと思う。

つまり、皆さんは、心底から必要性を感じて、自分自身の意志で運動の要《かなめ》たろうとしているのか、あるいは反対しているのかだ。それとも、誰でも首を突っこむ者がいればそいつに任しておけばいい、と考えているのだろうか。

こんな質問を突きつけられて、皆さんは驚いただろうか。なぜ、そんなことを聞くかを説明しよう。芸術を愛する者たち、それも、最も真剣に愛していると言ってもいい者たちのなかに、世間の芸術への愛は現在では稀《まれ》になったと見る者もいる。すさんだ習慣や精神状態で、芸術に出会う機会もなく、芸術の問題を考えたこともない大多数の人たち※1（気の毒に！）は別にして、そうではない多くの高尚で思慮深い教養人のなか

※1　これは、生活に追われて、悲惨な住居で暮らしている労働者の存在を指していると思われる。批判ではなく、事実の指摘だ。「小芸術」のなかでモリスは、「下層階級」という悲しい言葉で呼ばれ、生きるだけで精一杯の労働者階級について「このおぞましい通りを日々行き来している労働者たちに、どうして美に関心を持ってほしいなどと頼むことができるだろう」と言っている点を参照されたい。

に、内心、芸術などは文明がたまたま生み出した馬鹿げたことだと考える人がいる、と思わざるを得ない。いや、おそらくもっと悪い。芸術など、人類の進歩にとって厄介で、病的な妨げにすぎないと考えているだろう。

そうした人のなかには、他の分野を考えるのに忙しい人もいる。科学、政治、その他もろもろの研究に、こう言ってよければ、**芸術的なほど**夢中になっていて、その賞賛すべき勤勉によって、心を狭くしてしまっているわけだ[※1]。ただ、そういう人たちは少数だから、芸術などはせいぜい些細なことだと見下す、現在の風潮の説明にはならない。

では、かつては輝かしかったものが、いまでは取るに足らないとみなされているのは、いったい、私たちの何が悪いのだろう。芸術のどこが悪いのだろう。

この問いは決して軽い問題ではない。はっきり言って、現代思想の領導者たちは、ほとんどの場合、心の底からひたすら芸術を嫌悪し軽蔑している。当然にも、指導者がそうなら人々もそうなる。

そうすると、広範な教育で芸術を促進しようと集う私たちも、いずれ立派な人々と同意見となって、今日の集いなどは、自己欺瞞か時間の無駄だということになるのだろうか。それとも、立派な指導者や文明人の大多数の方が、厄介な状況に目が眩《くら》んでいるだけで、私たちは正しい立場を代表した少数派なのだろうか。少数派の方が正しいこともあるのだから。

※1　産業革命後、資本主義勃興のただなかにある社会では、産業・工業に関わることが最優先された。

皆さんが正しい少数派だと自負しているのであってほしい。文明の進歩が、空回りで何も生産しない装置ほどの役立たずでないのなら、皆さんも、私たちが進めようとしている芸術は、人間の暮らしに不可欠だと確信しているはずだ。

それでは、私たち少数派は、いかにして課せられた任務を果たし、多数派に成長する努力をすればいいのだろうか?

古代や中世から学べ——芸術は大気でありパンであった

思索家や、彼らに従う何百万の大衆は、芸術についてまったく無知で、あいまいな本能的反発しか感じていない。彼らに、私たちは大気を吸うように、パンを食べるように芸術を愛しているのだ、とわからせることさえできたら! そうすれば、勝利の種は蒔かれたことになる。

これが困難な事業であることは確かだ。しかし、古代や中世の歴史の1章を熟慮してみると、その種を蒔くための一筋の光が射してくるように思える。

たとえば、ビザンチン帝国の1世紀を考えてみよう。学識をひけらかす衒学者《げんがくしゃ》や暴君や役人どもの名前にうんざりしながらも歴史を読み進もう。滅んで久しいローマがかつて築いた鎖を使って、ビザンチンの支配者たちは、なおも人民を惑わせ、自分たちが世界を支配するふさわしい主君だと信じこませた。支配圏に目を転じると、北方やサラセンの海賊や盗賊による無意味な殺戮の時期が出没しては消える。いわゆる「歴史」が、その時代について語るのは、まとめればその程度のことだ。つまり、王や悪党どもの、馬鹿馬鹿しいほどの悪徳行為と怠惰との連続だ。

では、私たちはその時代から目を逸らし、すべては悪だったと言わねばならないのだろうか。それなら、人々は日々の暮らしをどう営んでいたのだろう？　そして、欧州は、いかにして、怠惰と悪から知的で自由な欧州へと育ったのか？

それは、「歴史」上で名や業績が知られている者とは別に、人々が存在したということではないか。奴隷市場や宝の蔵のいわば原材料であった人々、現在の言葉で言えば「民衆」と呼ばれる人々が、そのあいだじゅうも働き続けていた、ということではないか。

そうなのだ、そして彼らがおこなった仕事は、ニンジンをぶら下げて、鞭で打たれながらなされた、ただの奴隷の仕事ではない。なぜ、そう言えるのか。それは、「歴史」は彼らを忘却したが、彼らの仕事は忘れられずに現に残っているからだ。それが、もう一つの歴史、つまり芸術の歴史を作ってきた。

東洋にも西洋にも、彼らの悲しみや喜びや希望の証しを残さない古代都市は存在しない。イランのイスファハン[※1]から英国のノーサンバランド[※2]まで、7世紀から17世紀の建物で、抑圧され無視されてきた一群の人々が労働して建てた証しの残らない建築物はない。

しかも、そのうちの誰一人も、とくに他より飛びぬけていたわけではないのだ。そのなかに、プラトンやシェークスピアやミケランジェロがいたわけでもない。大衆のなかに点在していたにすぎないのに、なんと確固とした思想だったことか！　いかに長くもちながらえ、なんと遠方まで伝わったことか！

※1　古くからの政治・文化・交通の拠点で「イランの真珠」と呼ばれた。16世紀にサファビー朝の首都となる。
※2　スコットランドと境を接するイングランド北部の州。かつてはローマ帝国の一部で、防壁の遺跡が残っている。

そして、これらの時代を通じて、芸術は力強く前進してきたのだ。芸術が残されていなければほとんど知りようのない時代が、なんとたくさんあることか。いわゆる「歴史」に残っているのは王や武将だ。なぜなら、彼らは破壊したからだ。だが、芸術に遺されているのは民衆だ。なぜなら、彼らは創造したからだ。

自由な社会が訪れたとき、労働を彩るものは何か

だから、世界の進歩を何よりも願ってはいるが、芸術の現状にはうんざりしている、正直で一生懸命な人たちに向き合っていく際に、このような過去の暮らしについての知識は、なんらかの示唆を与えてくれる。彼らにこう聞いてみるといいかもしれない。あなたが（そして私たちも）望んできたことがすべて実現されたとして、では、それからどうするのだ？　私たちが、それぞれのやり方で実現しようとしている大変革は、これまでもそうだったように、こっそり忍び足で訪れ、あっという間に実現するかもしれない。劇的変化が不意打ちで訪れ、すべてのまっとうな人々に認められ喜ばれる、と想像してみよう。

そのとき、何世紀にもわたる悲惨な労働という腐敗を、ふたたび積み重ねたりしないためには、どうすればいいのか。新しい旗が掲げられたポールの下から散って、持ち場に出発するとき、新秩序を告げた先駆けが吹いたトランペットの音が、耳にまだ鳴り響いているとき、いったい、私たちは何に取りかから**ねばならない**のだろう？

私たちの仕事、日々の労働だ。それ以外に何がある？

ではそのとき、つまり、私たちが完全に自由で、分別を持ったとき、毎日の労働を彩るものは何なのだろう？　日々の労苦《トイル》は不可欠だが、ただの労苦でしかないのだろうか。その労苦の時間を最大限短縮して、かつて望んだこともないほど、余暇の時間を増やすしかないのだろうか。骨折って働くのはすべて厄介だと言うなら、では、余暇にはいったい何をすればいいのか。ひたすら眠り続けるのか。それなら、私は二度と目が覚めない方がましだ。

では、いったいどうすべきなのか。必要な労働をしてもたらされた余りの時間を、どうすべきなのか？

多くの不正が正され、汚い仕事を誰かに押しつけるような堕落した階級制度のない新社会が訪れたとき、人類が答えるべき問いが、これなのだ。そのときに人類がまだ病んでいて芸術を嫌っているなら、その問いに答えることはできない。

かつて中世では、人は、残虐な暴力的圧政と恐怖のなかで生きていた。現代の私たちにしてみれば、いったい、人々は日常をどう過ごしたのかと思わずにいられない。でも、考えてみれば、彼らの暮らしは、現在と同様に、毎日の労働で明け暮れていただろう。そして、その労働は、日々の芸術的創造によって彩られていた。

では、彼らが耐え抜いた邪悪から免れている現代の私たちは、彼らよりも情けない生活を送るのか？　多くの圧政を経て前進してきた人間が、にもかかわらず新手の圧政に縛られ、自然の奴隷となり、希望の持てない無意味な労苦の日々を重ねていくのか？　すべての敵を打ち負かし、縛るものもないはずなのに、世界は過去の負債を背負いこみ、ゾッとするような醜さに埋もれて、働き続ける道を選ぶ――結局こんな状態になるまで、突き進まなければいけないのか？　それなら、あらゆる希望は詐欺だったことになる！　なんという絶望の淵に、私たちは落ちこんでしまうことだろう！

まったく、そんなことなどあってはならない。しかし、情けないことに、あのような芸術への病的な嫌悪が続くなら、そうなるとしか思えない。美や想像力を愛さなくなれば、文明もまた絶滅するに違いない。世界も、いつかはこの病を抜けだすだろうが、その過程で多くの苦痛を味わうだろう。そのなかには、まさに芸術の死の苦悶もあるだろう。なかには、世の貧困層を激しく痛めつけることも起こるかもしれない。というのも、社会的変化の多くは、冷酷な必然性によって起こるように思えるからだ。見えもしないのに見ようとする人たち――世間はそれを先見性などと言うが――が起こすのではない。

現代の芸術のどこが間違っているか

ところで、私が訊ねたことを思い出してほしい。このような芸術を見下す病にとらわれるなんて、私たちの何が、あるいは芸術のどこが、間違っていたのだろう。

本質的には、芸術に何もおかしいところはないし、あるはずもない。それは常に人類にとって良きものであった。そうでなければ、私たちはまったく間違っていることになる。

だが、最近の芸術といわれるものは、おかしいところがたくさんある。いや、そうでなければ、そもそも今夜こうして集まっていないだろう。民衆的芸術が消えつつある、あるいはすでに消えてしまったと気がついたからこそ、30年ほど前に全国各地で、芸術学校が設立されたのではなかったか。

それ以来のわが国の進展について（わが国のことだけだが）、無作法にならぬように、偽善的にならぬように語るのは難しい。でも、言わなければならない。ある意味、外見的には明らかに進歩しているように見えるが、それが、どれほど希望の持てるものかはわからない。なぜなら、それがただの一時的流行か、それとも立派で洗練された多くの人を本当に動かしている兆しなのかは、歳月のみが知っている。友だちどうしだから正直に言うが、これでも、よく言い過ぎと思えるほどだ。

そうは言っても、さあ、どうだろう。未来を考えるにしても、過去を再構成するにしても、私たちは型に嵌《は》めがちだ。目先のことだけを必死で見つめていると、前も後も見えなくなりがちだ。願わくは、私が危惧しているよりも良くなるように！

だが、ともかく、得たものを数えてみよう。そして、希望の持てない現代の兆候と比較してみよう。イングランドでは（私の知るかぎりではイングランドだけだが）、画家たちは増えているし、作品においても、確かに良心的になり成長している。なかには（とくにイングランドでそうだが）、美的感覚が発達し、うまく表現されているケースもある。これはこの３００年間、世界で見られなかったことだ。これは確かに大きな進歩で、絵を描く側や使う側が、簡単に買いかぶっているわけではない。

さらに、イングランドでは（イングランドだけだが）、建築と、（先に述べた芸術学校が再生させ育ててきた）建築を装飾する分野において、大きな改善が見られる。制作された作品を使う側にとっては、これはかなりの前進だ。だが、作り手のほとんどにとっては、それほど重要な進歩ではないかもしれない。

こういう進歩と比較して、残念ながら、説明のできない現実もある。いわゆる文明社会の他の国々が、ほとんど進歩せず固定化しているということだ。それに、わが国の場合でも進歩に関係するのは比較的少数にすぎず、国民の大多数は少しも影響を受けていない。だから、人々の嗜好に最も依存する建築という芸術の多くは、日に日に悪くなっている。

土着の芸術を窒息死させたイングランド

話を進める前に、もう一つ落胆することを述べければならない。芸術運動の先駆者たちが、東洋の美しい作品に注目せよとパターン・デザイナーたちに強調していたことを、きっと多くの人は覚えているだろう。わが芸術学校も基礎固めの一翼を担った運動だ。これは非常に正しい判断だった。先駆者たちは、美しく整然として現代に息づく芸術、何よりも民衆のものである芸術を見よと訴えたのだ。

だが、病んだ文明の悲しい結果として、西洋の支配と貿易の広がりを前にして、東洋芸術が急速に消滅しつつある。しかも、その速度は日に日に増している。私たちがここバーミンガムで、芸術教育を広めるために集っているあいだも、インドにいる近視眼的イギリス人は、その教育の源泉自体を、どんどん破壊しつつある。宝石・金属加工、陶器作り、更紗染め、錦織り、絨毯製作――あの偉大な土地でおこなわれてきた有名な歴史的芸術が、長期にわたってなんの値打ちもないかのように扱われ、いわゆる「商業」などというつまらないゴミを優先するために、退けられてきた。彼の地の事態は、いまや急速に終局を迎えつつある。

イギリス皇太子がインド視察の際に現地の王子から貰った贈り物を、見た人もいるのではないか。私は見た。どういうものかは予想できていたので、大いに失望したとまでは言わないが、それでも深い悲しみで見たものだ。素晴らしい宝物として与えられた、これらの高価な贈り物の数々は、産業的芸術（industrial arts）の揺籃期に得た名声の水準に、ほとんど達していなかった。

それどころか、笑うしかないものさえあった。さもなければ、被支配民族が、支配者たちの空虚な俗悪さを無邪気に真似する様子に、哀れみを誘われるかだ。

そして、先に述べたように、私たちがこの劣悪化を積極的に推し進めているのだ。最近、ある文章を読んだ。昨年のパリ万博・インド展示部で出された小冊子で、インドの製造業の状況が逐一記載されている。その産業を「芸術製造業」と呼んでもいい。確かに、インドでは、すべての製造業は「芸術製造業」だった。小冊子の著者バードウッド博士は、インドでの暮らしを長年経験した科学者であり、芸術愛好家だ。私や東洋の仕事に興味を持つ人にとっては、書かれている内容は決して新しいことではないが、それでも、本当に読むに悲しい話だった。

希望を失くした被抑圧民族は、各地で、本物の芸術の実践をあきらめつつある。私たちが熟知し、それどころか声を大にして宣言してきたように、その芸術は、最も真実で最も自然な原則を基礎にしたものだった。

ずっと称えられてきたこれらの芸術的完璧さは、長きにわたる労働と改良の賜物だった。だが、インドの被抑圧民族は、それを無価値だと投げ捨て、支配者たちの劣悪な芸術、いや、芸術の欠落に従おうというのだ。一部の地域では真の芸術はすっかり破壊され、他の多くの地域でも、ほとんどそれに近い。全体として、吐き気を催《もよお》すようなものになりつつある。

まったく、これが現実だ。わが政府は、この間ずっと、この劣悪化を推進しているのだ。たとえば、インドの刑務所で政府は安いインド製カーペットを製作している。良き意図から出たものだろうし、国内やインドのイギリス人も確かに賛同している。私も別に、インドの刑務所で実のある仕事、芸術的仕事ができるなら、悪いとは思わない。むしろ、適切におこなわれれば望ましいことだ。

ただ、この場合、政府は、英国世論の全面的賛同を得て、その品の劣悪さなど無視して、何としても安価に作ろうとしているのだ。じっさい、それは安っぽく恐ろしいしろものだ。もっとも、いくら最悪の類のものとはいっても、すべて同じ手法で作られなければ、あそこまではひどくならなかっただろう。だが、インド全国で、あらゆる製造所で同じ状態なのだ。こうして、哀れな人々は、支配後にも残されていた唯一の特質、唯一の栄光を失うところまで来てしまった。

30年前に、民衆の芸術を復活させようと取り組み始めたとき、あんなに賞賛してきた名高い品の数々は、もはや、通常の市場で、納得できる価格で買うことはできない。それらは、芸術教育のために設立した博物館のための貴重な遺品として、探し求め保管されなければならない始末なのだ
ひと言で言えば、彼らの芸術は死んでしまった。現代文明がもたらした商業が殺してしまったのだ。


インドで起こっていることは、多かれ少なかれ東洋全体で起こっている。インドについて話したのは、基本的に私たちが彼の地の現実に責任がある、と考えざるを得ないからだ。運命のめぐり合わせで、私たちは、彼の地の何百万人の人の支配者となった。そうだとしたら、どうしようもないサソリを魚だと言って彼らに与えたり、石をパンだと言ったりしないようにするのは、私たちに課せられた義務ではないのか。

「少数による少数のための芸術」の運命は知れている

だが、この側面においても、その他の面でも、文明を先導する国々が健全な状態にならないかぎり、芸術を修復することはできない。だから、目を転じて、私たち自身の状況を考えてみよう。先にも述べたように、ここ二、三年の表面的改善は明らかだろう。しかし、問題は根っこにあるのだから、私は、蕾がたくさんついたと小躍りする気には、とてもなれない。

いまお話ししたように、そもそも、芸術教育の組織的指導者を初め、支配階級のなかにも多くいるに違いないインド芸術・東洋芸術の愛好家は、その後退に対してまったく無力だった。文明が総体として不利に動いており、とても彼らの手には負えないのだ。

ここにいる者の多くは、建築を非常に大事に思っており、美しいものに囲まれた暮らしが心身を健康に保つと信じている。だが、じっさいには、たいていの場合、大都会生活者は、醜く不便で軽蔑の代名詞になるような家屋に住まざるを得ない。文明は私たちの願いに逆行しており、私たちはそれに対抗できていないのだ。

もう一度言おう。私たちの周りで、真実と美の水準を維持するために献身してきた人々、あるいは、本人にしかわからない困難を克服して絵を描いてきた画家たちは、どんな時代をもしのぐ高邁な精神を示してきた。だが、こうした偉人たちの作品を理解できるのは、ほんの小さなグループだけで、大多数の大衆にはまったく知られていない。偉大な画家たちは、それほど不利な、文明という逆風のなかに置かれているため、民衆を感動させることができない。

これらすべてを直視するなら、私たちが育てている木の根は大丈夫だ、などと考えることはできない。芸術以外のことがらが停滞する世の中では、先に述べた表面的改善は、ある種の芸術創造にはつながるだろうが、そういう信じがたい状況では、ある意味で安定してはいても、やはり芸術の停滞となるだろう。

これでは、まったくの少数のために培われた、少数による芸術となってしまう。彼らに義務という概念があるなら、芸術を義務だと見ているだろう。その少数の芸術家は、普通の民衆など軽蔑すべきだと思っている。そして、世界が歴史の端緒から獲得してきたあらゆることから超越し、己の芸術の殿堂に誰も近づかせないよう、守り抜く必要があると思っている。

こんな芸術の一派を予想して語るなんて、言葉の無駄というものだ。だが、そういう人たちは、少なくとも、理論的には現在も存在している。仲間うちの合言葉まであって、「芸術のための芸術」と言っている。このスローガンは、一見したところよりずっと有害だ。これでは、芸術は哀れな最期を運命づけられている。秘伝を許された少数者でも触れられないほど、繊細で虚弱なものとなり、彼らも最後には座して眺めるだけで、なんの手も打てない。そして、誰もそれを嘆くこともない。

皆さんが、このような芸術を進めようとここに来たのであれば、私は、絶対に、立ち上がって皆さんを迎えて**友人**と呼ぶわけにはいかない。もっとも、これまで述べてきたような貧弱な者なら、敵と呼ぶほどのこともないが。

だが、そういう人たちは現に存在している。こうして、わざわざ皆さんにお話しするのは、反芸術の立場の人々——正直で知性もあり人類の進歩に熱心だが、人間的感覚の一部を欠落している人々——が、そういう「芸術のための芸術」を求める人間を芸術家だとみなしているからだ。それが芸術であり、人々に対する芸術の役割だと思いこみ、私たち工芸職人がめざしているのが、そんな狭隘で意気地のない暮らしだと思っているのだ。

じっさいのところ、もっとわかっていてもいいはずの多くの人たちまでが、これを当たり前だと考えている状況を、これまでずっと目にしてきた。だから、私は、そういう中傷をはねのけたくてたまらないのだ。人々にわかってほしいのだ。ほかでもない私たちが、階級間の亀裂を大きくしようと思っているなんて。いや、それよりひどい。高められた新階級と貶《おとし》められた新階級、新しい主人と新しい奴隷を作ろうと思っているなんて。誰でもない、この私たちが、「人間と呼ばれる樹木」を、一方ではしみったれた形で、他方では無駄に金を使って、差をつけて育てようと願っているなんて。そんなことはありえない。

私たちが広めたい芸術は、すべての人が共有でき、すべての人を高める良きものなのだ。それを人々にわかってもらいたい。本当に、いますぐすべての人が共有しなかったら、共有すべきものがなくなってしまう。人類全体をその芸術で高めないなら、人類は、これまでに獲得した地歩さえ失ってしまうだろう。

私たちが待ち焦がれている芸術は、決して空しい夢ではない。現代よりも厳しい時代、現代より勇敢でも優しくもなく、真摯でもなかった時代にも、そういう芸術は存在した。現代よりも勇敢で優しく、真摯さに満ちた時代が訪れれば、きっと、そういう芸術は存在するはずだ。

現在に残る美術品は、過去の普通の生活用品

もう一度、少しのあいだ歴史を振り返り、そこから言葉が尽きるところまで着実に前に進めてみよう。まず初めに、芸術の学徒に与えられる一般的で必須のアドバイスの一つは、「古代に学べ」だ。間違いなく、多くの皆さんも、私と同じように、そうしたことだろう。サウス・ケンジントン（現ヴィクトリア＆アルバート博物館）などの立派な博物館の、ギャラリーをめぐり歩いて、人間の頭脳が生み出した美に目を見張り、感謝でいっぱいになったことだろう。

では、どうか考えてみてほしい――こうした素晴らしい作品は何なのか、どのようにして創られたのか。私は、作品を表現するのに「素晴らしい」という言葉を使ったが、それは誇大評価でもなければ、まったく意味もなく使ったのでもない。

さて、それらは、ただの昔の生活用品ではないか。いまでは非常に数が少なくなっている。大事に保管されているのは、そういう理由からでもあるが、使用当時はありふれていて、珍しくもないから、壊れるとか台無しにするなど気にせずに使われてきた。それを私たちは「素晴らしい」と言うのだ。

では、それらはどのように作られたのか。偉大な芸術家がデザインを描いたのか。高い教養を持ち、高価な報酬を支払われ、仕事をしていないときは、優雅な食事を食べ、立派な家に住み、ぬくぬくと暮らす芸術家がデザインしたのだろうか。

とんでもない。いくら素晴らしくても、こうした作品は、いわゆる「普通の人」が、日々の労働の一環と

して作ったのだ。彼らこそ、私たちが崇める作品を作った栄光の人たちなのだ。

では、彼らの仕事は、煩《わずら》わしい労働だったのか？　芸術家である皆さんは、そんなはずがないことをよくわかっているだろう。そんなことはありえない。

皆さんもきっとそうだろうが、サウス・ケンジントン博物館に行き、不思議な美の迷宮をめぐりながら、あの奇妙な獣や鳥や花の創意工夫に、何度「そうだ、そうだ」とニヤリとしたことだろう。少なくとも、あれを作っているとき、彼らは不幸せではなかった。それに、私たちもそうだが、彼らはほとんど毎日、そしてほとんど終日仕事に励んでいただろう。

また、私たちが現在入念に研究する宝物である建築物、これは何なのか？　どのように作られたのか？　なかには、確かに素晴らしい大聖堂や王侯貴族の宮殿もあるが、それほど多くはない。それらは堂々として荘厳かもしれないが、小さな灰色の教会とサイズが違うだけのことだ。小さい教会も、ありふれた英国の風景を美しくする。灰色の小さな家々も、少なくとも田舎の一部には残っていて、村を際立たせている。それを見ると、美とロマンスを愛するすべての人は、しみじみ感慨にふけらずにはいられない。

普通の人々が住んでいた家、そして人々が敬愛した名もない教会、この一群こそ、私たちの建築における宝物なのだ。

もう一度聞こう。それらの建物をデザインし装飾したのは、誰なのか？　普通の人のありきたりの注文などを受けず、特別の機会のために確保されてきた、立派な建築家なのか？

とんでもない。おそらく、だいたいは修道士だったり、農夫の仲間だったりするだろう。よくあるのは、農家の主の兄弟の一人か、村の大工か、鍛冶屋か石工などだ。そういう「普通の人」たちが、普通の日常的仕事をしてできた建築を見て、現代の多くの勤勉で「教養ある」建築家は、驚いたり、がっくりしたりしているわけだ。

そして、そういう人は、仕事を嫌がっただろうか。そんなことはありえない。皆さんも見たに違いないが、そういう仕事は、現在ですら訪れる人のほとんどない僻地の、小さな集落の住人で、めったに周辺5マイル（約8キロ）より外へは出たことのない人によってなされたのだ。私は、そういう場所で、とても繊細で丁寧で、それでいて創意にあふれ、これ以上の素晴らしい仕事はできないような建物を見てきた。

そして反対を恐れず主張すれば、いかなる人間の創造力も、喜びなしにこれほどのものを生み出すことはできない。構想する頭脳や、ものを形づくる手が、第三者のように機械的に動くはずがない。

しかも、こういう仕事は珍しくないのだ。村の教会の椅子や、自作農の嫁の箪笥は、立派なプランタジェネット王朝（イギリス12世紀～15世紀）やバロワ・ブルゴーニュ家（フランス14世紀～15世紀）の玉座と同じくらい、優雅なのだ。

だから、あの時代にも、暮らしを少しでも耐えられるものにするために、いろんな努力がなされていたのだ。歴史では、ほとんどが殺戮と混乱の日々だったかのように書かれているが、必ずしも毎日そうだったわけではない。むしろ、日々、金床《かなどこ》に打ち付ける槌の音が響き、梁にする樫に鑿《のみ》が踊り、そこから常に、美しく独創的なものが生産された。そして、そこには、なんらかの幸せも生まれていたのだ。

芸術は人間の労働における喜びの表現だ

これは、私が今日ここで語りたいことの、まさに核心につながる。どうか、真剣に考えていただきたい。私の言葉についてではない。世界の底でうごめき、いつか素晴らしいものに育っていく思想について、考えてほしいのだ。

私は、真の芸術とは、労働における人間の喜びの表現だと考えている。労働する人間は、幸せならそれを表現せずにはいられない。とりわけ、優れたものを作り出していればそうだ。これは自然が与えてくれた、最も思いやりのある贈り物だ。すべての人間、いやすべてのものは、自然に働きかけねば生きられないのだから。

犬は狩りをすることに喜び、馬は走ることを喜び、鳥は飛ぶことを喜ぶ。それだけではない。地球と地球を構成するすべてのものが、天が与えた仕事を喜んでいる。こういう考えは、とても自然に思える。だからこそ、詩人は、春の野原が微笑み、炎が歓喜し、海が笑いさざめくと歌ってきたのだろう。

ここ最近まで、人間は、この万物に与えられた贈り物を拒絶したことはなかった。あまりにも困惑していたり、病に侵されていたり、悩みで打ちひしがれていないかぎり、少なくとも、自分の仕事を楽しもうと努力してきた。もちろん、その楽しみや休息に身を任せることもできないほど、何度も苦痛や疲労も味わった。でも、それがなんだというのだ。常に自分とともに存在しなければならない物事のなかに、つまり、労働のなかに喜びがありさえしたら！

もう一度言おう。こんなにも多くを獲得して前進してきた私たちが、最も昔からの、最も自然な人類の獲得物を、あきらめていいのか？　もうすでに相当あきらめてしまったとしたら（残念ながらそうだという気がするが）、人間は、なんと奇妙な灯に導かれて、霧のなかを歩いてきたのだろう。

いや、むしろ、こう言おう。すべての邪悪のなかでも最も悪いことが何かがわからなくなるとは、人類は、邪悪なことを克服しようと追い詰められ過ぎたのだろうか。そうとしか言いようがないではないか。人間が嫌な仕事をしないといけないなんて。楽しみたいという、当然で自然な望みを満足させないような仕事をするなんて。それでは、その人の人生のほとんどは、自尊心を欠き不幸せとなる。

それがどういう意味を持つか、どうか考えてみてほしい。そんなことをしていたら、最後にはどんな破滅が待っていることか。

労働を、すべての人にとって楽しいものにする、少なくとも不幸な労働を最小限にすることが、現代文明社会の大きな義務だ――このことを、皆さんに納得してもらえたら、たとえ二、三人でもいいから、納得していただけるなら、私は今夜の仕事をやり遂げたことになる。

いずれにせよ、芸術とは無縁な現代の労働が、あたかも楽しいものであるかのような欺瞞、これに対して少しでも疑いを感じたら、それから逃げたりしたりしないでほしい。ほとんどの人にとって、労働は楽しくはないのだから。そんな労働が生む芸術作品は、喜びのないつまらないものだと、皆さんに示し、得心してもらうには、おそらく時間がかかることだろう。

だが、それがまったく不幸せな労働であるという証左が、ここにもう一つある。皆さんも見ればすぐわかるだろう。悲しい証左だ。こうして語るのさえ、恥ずかしくてたまらない。だが、まず病を認めなければ、それを治すことなどできない。

その情けない物証とは、文明社会がおこなった仕事の大半が、いいかげんな仕事だということだ。まあ、見てみたまえ。文明というものは、ある種の品物は上手に作ることができる。意図的か無意識かはともかく、現在の不健康な社会状態に必要だと思われる品物だ。端的に言って、それは主に、売買競争――商業などとでたらめな名で呼ばれている――を実行するための道具であり、さらに、生命を暴力的に破壊する戦争のための道具である。つまり、2種類の戦争のための材料と言ってよい。

その2種類のうち、後者の方が疑いもなく最悪だ。おそらく、それ自体というよりも、その時点では、世界の判断力にどこか穴が開き始めるからだろう。だが、そうは言っても、前者も問題だ。尊厳を持った日常生活、互いに信頼し忍耐し助け合う暮らし――これが、思惟する人間の唯一の真実の暮らし方だ――、それを続けるための要素を、文明社会は劣悪化させている。しかも、日に日に酷くなっている。

私の言うことを間違いだと思うかもしれないが、私は一般に考えられていること、いや、広く語られていることを、言っているだけだ。これが広範な意見になっているという、良い例をあげよう。鉄道の売店で売られている、巧みなイラスト入りの本がある。『英国の労働者――労働者を信頼しない著者による』だ。この本にもタイトルにも、腹が立つし恥ずかしく思う。タイトルも内容も不当だし、珍奇で大げさな書き方には一片の真実もないからだ。

もちろん、現在、たとえば、庭師や、大工や、石工や、染め師や、織子や、鍛冶屋などに、普通の仕事をしてもらおうと思っても、悲しいことに、満足に仕上げてもらうのは珍しく、そうなれば幸運だと言わざるを得ないのは本当だ。むしろ、彼らは、当たり前の仕事をなんとしても避けようとし、注文した側の権利など無視する。

だからといって、どうして、「英国の労働者」がこの全責任を、あるいは非難の大半を背負わなければならないのか。喜びも希望もない仕事を無理やり強いられれば、労働者全体のなかに、なんとか怠けようとする者が出ない方が不思議だ。いずれにせよ、そういう状況下なら、これまでもずっと、他人に押しつけられてきたではないか。

もちろん、他方には、厄介で手に負えない仕事でも断固としてやりとおす、そういう立派な考えを持った人たちもいる。そういう人たちは、世の鑑《かがみ》だ。だが、そういう人たちを苦い英雄的行為に追いやる社会は、どこかおかしいのではないか。ほとんどの人に避けようとさせ、半ば無意識に自己を卑下し貶《おとし》める深みに追いこむ、そういう社会は、おかしいのではないのか?

やみくもに突っ走る現在のような文明は、この膨大な量の喜びなき労働に、きっと、恐ろしい付けを払うことになる。すべての筋肉とすべての脳細胞を使うにもかかわらず、なんの目的もなく喜びも感じられない労働、飢餓や破滅の恐怖に突き動かされて、誰もが、なんとか、やっつけ仕事で早く仕上げてしまおうとする労働、そんな労働の付けが、きっと回ってくる。

金儲け競争と戦争を求める世界が、労働の喜びを奪った

私が生きて息をしているのと同じくらい、確かなことが一つある。すべての人が漏らす「日々の暮らしの手仕事がいいかげんだ」という不満——私も間違いなくその現実はあると思うが——は、金儲け競争と殺し合いという二つの戦争を急ぐ世界が、必然的に招いたことなのだ。自然が当然の摂理として呼びかける、日々の労働における喜びを、すべての人間がお互いに忘れてしまったからなのだ。

だから、もう一度言おう。文明を進歩させようと思うなら、人間は、劣悪化する労働を制限し、最終的にはなくす方法を考えるように転換すべきなのだ。

ここまでの話を聞けば、私が言っているのは、単なる辛い労働や厳しい労働ではないことは、わかってくださっているだろう。私は、辛い仕事に立ち向かう人を憐れんでいるのではない。とくに、その仕事をするのが、たまたまであればなおさらだ。つまり、それが、必ずしも一定の階級や一定の条件に固定化されていないなら、問題はない。私は、厳しい労働抜きで、世の中が回っていくなどと思ってはいない（そんなことを思うようなら、私は頭がおかしいか、夢を見ていることになる）。だが、そんなひどい仕事をしなくても済むと思える状況を、いくつも見てきたから言っているのだ。

土地を耕すとか、魚網を投げるとか、羊を飼うなどの仕事は、かなり厳しい職業だろうし、多くの困難を伴う。だが、ある程度の余暇や、自由や、適切な賃金を前提にすれば、私たちみんなのためにとても必要

で、良い職業だろう。れんが職人や石工などは芸術家であり、芸術が本来の姿で存在してさえいれば、必要な仕事であり、それどころか美しく、それゆえ幸せな仕事なのだ。

私は、このような仕事をなくしてしまおうと言っているのではない。そうではなく、誰も望まない品物を山ほど作る、無駄な労苦《トイル》を問題にしているのだ。先に述べたように、間違って「商業」などと呼ばれる売買競争のために、棚に並べる製品を作る苦しい労働、そんな骨折りは止めるべきだと言っているのだ。私の理性がそう言わせるだけではない。私は心の底からそう感じている。

それに加えて、たとえ必要で価値あるものを生み出す労働でも、単に、商業戦争で店先に並べるためだけになされるなら、規制し改善する必要がある。しかも、この改善は、芸術によってしか実現されない。私たちがまともな考えに立ち返って、こんにちではほんの少数だけが味わっている労働の楽しさを、すべての人が味わう必要性を理解しなければ、実現できない。繰り返すが、この必要性を理解すべきなのだ。でなければ、不満や不安や絶望が、社会全体を飲みこんでしまう。

そして、私たちが曇った目をこすって見開き、なんの役にも立っていない品々、不公平でもあり持つのも落ち着かない品々を、少しあきらめることができたなら、きっと世界がまだ知らない幸せの種を蒔けるに違いない。そして、その種が生む休息と満足——私は、それが本来の目的だと考えずにはいられない——を得られるだろう。

そのとき、その種とともに、真の芸術の種も蒔かれることだろう。労働における人間の喜びの表現である芸術、作り手にとっても使い手にとっても幸せな、民衆による民衆のための芸術だ。

これこそが、世界の後退ではなく進歩をもたらす手段となる、唯一の芸術だ。皆さんも、どういう形であれ本能的に芸術を求める人なのだから、きっと、心の底ではわかってくれているに違いない。私が語ったほかの点の多くでは違うこともあるかもしれないが、この点に関しては、きっと賛同してくださるだろう。これこそ、私たちがここに集って、その健やかな繁栄を願っている芸術であり、それをできるだけ広めるために取るべき道筋である。

道の先は見えなくても、力を尽くせ

さて、芸術の未来に対して、望むことや懸念することを申し上げた。では、それらの意見を認めた上で出てくる現実的方策としては、どういうことを考えているのか、と皆さんは問うかもしれない。それなら、直ちにこう言わなければならない。たとえ、私たちが心を一つにしたとしても、しかも、それが正しい心構えだとしても、私たちの前には大変な仕事があり、多くの障害もある。最良の者たちが全力で思慮深く、先見性を持って、献身的に努力しなければならないだろう。しかも、それでもたいていの場合、道の先は見えないだろう。

私たちが正しいと思う考え、いつかは世間一般にも理解されるはずの考えも、気づいてもらうためには、必死で闘わなければならないし、現在はまだ、明確な道のりを見極めるには時期尚早なのだ。

考える人間をつくる全般的教育が、芸術についても正しく考えさせることにいつかはつながるが、皆さんは、それでは、あまりにも当たり前すぎると思うだろう。当たり前ではあるが、私は本当にそう信じているし、じっさい、それで勇気づけられる。とりわけ、現代は明らかに、古きことから新しきことへの一つの過渡期で、私たちは、なんとも奇妙な混乱のなかにいると思うからだ。

いつの日か、そこから抜け出す日が来る。そのとき、私たちは無知で無自覚なままに、旧時代に作り尽されたようなガラクタや、新時代の粗削りの未完成品を作り出すことから始めるだろう。その双方ともが、まさに手を伸ばせば届くところにある。

さらに、実用的なアドバイスと思われる、なんらかの言葉が必要かもしれないが、それはかなり困難な任務だし、何を言っても誰かの気を悪くさせると言わざるを得ない。というのは、これは、いわゆる芸術についてというよりも、むしろ倫理の問題になるからだ。

だが、芸術と、倫理や政治や宗教を切り離すのは不可能だということを、忘れるわけにはいかない。こうした原理原則に関わる重大な問題では、真実は一つであり、それを分けて論じることができるのは、形式的な論文のなかだけだ。それに、最初に言ったことを思い出してほしい。たとえ、こうして語っているのは私であり、話しぶりは弱々しく、まとまっていないかもしれないが、私は自分より優れた多くの人の思想を代弁しているということだ。

さらに言えば、物事が良い方向に向かっている場合ですら、先に述べたように、最良の人々に正しく導かれる必要があるわけだが、現在は、それとはまったくかけ離れた状態なのだ。だから、最低限でも、この事態において、信念を貫いて尽力し、そのために生き、名誉ある死を迎えるべきだ。

誠実さと素朴な暮らしが、民衆の芸術の鍵だ

現代の暮らしが、果たして楽しくなることがあるとしたら、そのためには、二つの善が絶対必要である。**民衆による民衆のための芸術、作り手にも使い手にも幸せを生む芸術**の種を蒔くためにも、それは絶対に必要だ。

その善とは、誠実さと、素朴な暮らしである。私の言いたいことをはっきりさせるために、後者の反対語をあげよう。それは、贅沢だ。また、誠実さというのは、誰に対しても、きちんと心をこめて支払うべきものを支払う、誰かに損をさせて利益を得たりしない決意という意味で使っている。私の経験では、これは現在ではまれなのだ。

この二つの善は、どちらも、互いに他を実行しやすくする点に注目してほしい。欲しいものがほとんどなければ、要求に引きずられて、不正を働く機会はほとんどない。また、すべての人に支払うべきものを支払う原則を堅持していれば、自分に贅沢をさせるなんてことは、自尊心が許せるはずはない。

芸術のなかで、あるいは芸術を準備するなかで（それなしには安定して価値のある芸術は存在しない）、これまで貶《おとし》められてきた階級が高まっていくなら、二つの善の実践は、芸術の新しい世界を作りだすことだろう。

というのも、あなたが富裕層なら、あなたの素朴な暮らしは、文明国における恐怖である無駄と不足との

度し難い明暗を解決する方向へと向かうだろう。同時に、あなたが高めたいと思っている階級に、尊厳ある生活の標準と実例を示すことができる。じっさい、いまのままでは、ありあまる金を所有するがゆえの金持ちの怠惰や無駄を、彼らは羨《うらや》んで真似ようとしているのだ。

触れざるを得ずに触れた倫理の問題はともかく、芸術における素朴さは、高くつくかもしれないし、つかないかもしれないということは、言っておこう。だが、少なくとも、それで無駄は生まれないし、素朴さを欠けば、芸術にとってこれほど破壊的なことはない。

どんな金持ちの家を訪れても、家にあふれるものの9割までは、外で焚火にした方がよほどましなものだ。そうでない金持ちの家には行ったことがない。

私には、贅沢を犠牲にするなど、まったく、ほとんどなんでもないことに思える。というのも、私の見るかぎり、金持ちが贅沢をしたがるのは、所有物を増やしたい(悩みの種を増やすだけだが)からか、あるいは、なんでもチェックして嫌がらせをする、気どった上流社会の環境に縛られているからにすぎない。

そうなのだ、贅沢はなんらかの奴隷システム抜き[※1]には存在しない。その廃止は、奴隷制度の廃止同様に人類の慶事だ。奴隷も奴隷の主人も解放される。

最後に、素朴な暮らしの獲得と同時に、正義を愛する心も獲得すれば、芸術の新しい春に向けて、準備が

※1　これは、古代の奴隷制度そのものではなく、貴族と、それに仕えてすべての支度を代理する召使いとの「奴隷関係」を指していると思われる。たとえば貴族の女性は、髪をとくことすらメイド任せだった。

すべて整うことになる。

そもそも、労働力の雇用者なら、労働者が人間らしい生活を送れる賃金を支払わないなんて、よく平気でいられるものだ。労働者の教育や誇りにふさわしいだけの余暇を与えないで、当然だと言う顔をよくしていられるものだ。

労働者なら、請け負った契約を満たさないとは、よく平気なものだ。また、現場監督に職場の通路を行き来されて、ごまかしやさぼりを監視されるなどということを、どうして我慢できるのだ？

小売店主なら、損失を誰か他人に背負わせるために、商品をごまかすなんてことを、よくできるものだ。また一般の消費者なら、一人を困らせ、二人目を破滅させ、三人目は飢えさせてしまうような価格しか支払わないなんて、よく平気でいられるものだ。

いや、そもそも、作った人の苦痛や悲しみがこもっている品物を、どうして使ったり楽しんだりできるのか？

夜明け前に蝋燭《ろうそく》を灯して、準備する職人となろう

さて、私が今夜言いたかったことはすべて述べた。正直言って、何も新しいことはない。だが、ご存知のように、大多数の人が聞く耳を持つまでは、何度も何度も、言うべきことは言わなければならないのが、世の習いだ。

だから、今晩のこの主張は、言葉にこめられた思想が堂々と語られるようになるまで、必要なかぎり、何

度も繰り返させてほしい。

皆さんは私の主張に真剣に反対されるかもしれないけれども、それでも、使命感と心からの善意で語られたことなら（私は、そう語ってきたつもりだ）、どんな言葉でも、皆さんはそれを手掛かりに考えをめぐらしてくださることだろう。私はそういう聴衆に語ってきたと思っている。

いずれにせよ、真面目に考える者が、仲間に向き合って、なんであれ心のなかで本当に燃えていることを話すのは、良いことだと思う。そうすれば、お互いに、相手を奇妙に思ったり誤解したりすることもなくなって、多くの無意味な対立抗争が避けられる。

ところで、私の話が希望のないものに聞こえた人がいるとしたら、それは、私が説得力に欠けていたからだろう。わかっていただきたいが、もし絶望しているなら、私は口を開くのではなく、むしろ閉じていた。私は、間違いなく希望に満ちている。だが、果たして、私の希望が達成される日を予言できるだろうか。あなたや私の目の黒いうちに達成されると言えるだろうか。

いや、少なくとも勇気を持とう！　私が生きてきた短いあいだでも、予期しないような、素晴らしくて輝かしいことが起こっているではないか。

そうなのだ、現在が実りある素晴らしい変革のときであることは確かだ。消えゆきつつある時代は、そのなかでも新しい息吹を引き寄せつつあり、いつの日か、苦しい労働の日を過ごす人間に良きものをもたらすだろう。そのとき人間は、自由な心と澄んだ目で、ふたたび美を表現する感覚を身につけ、それを祝うだろう。

だから、いまは暗い時代だとしても——確かにいろんな意味で暗いのだが——少なくとも、何もしないで座りこんだりするのはやめようではないか。平凡な労苦は自分たちにふさわしくないなどと考えて、馬鹿者やご立派な紳士のように、混乱のうちに打ち負かされるのはやめようではないか。

そうではなく、立派な職人として働き、薄暗い工房に蝋燭を灯して、朝になって陽が射せばすぐ動き出せるように、準備しようではないか。

もはや欲深でも抗争好きでも破滅的でもない、品位ある明日が来れば、新しい芸術、輝かしい芸術が生まれる。民衆による民衆のための芸術、作り手にも使い手にも幸せな芸術が花開くだろう。

5

金《かね》が支配する世の芸術
Art under Plutocracy

1883年11月

オックスフォード大学ラッセルクラブでおこなった、モリスの社会主義者宣言競争主義、早い者勝ちの体制が、世界の最終経済体制、完璧な体制だと考えられているようだ。だが、私には永遠の事態などは信じられない。こう言うのも、実は、私が「社会主義者と呼ばれる者のひとり」だからだ。人間同士の競争などは、非人間的でしかない。私は人間どうしの協力を支持する。

芸術は、労働における人間の喜びの表現である。喜びもない労働を承諾するなど、なんて奇妙な馬鹿げたことか。楽しくもない労働を大多数の人間に強要するとは、なんと忌まわしく不当な社会であることか！

どうか、中流階級という気どりなど投げ捨てて、労働者と運命をともにしてほしい。芸術は長く、人生は短い。せめて、死ぬまでに何かをなそうではないか。

芸術の意味を暮らしのすべてに広げてほしい

ご存知のように、私がここでお話ししたいのは、どこかの流派や芸術家の批判ではないし、特定のスタイル実践のお願いでもない。また、どんなに一般的なものであれ、芸術実践にあたってのアドバイスを与えるためでもない。そうではなく、私の望むのは、あるべき芸術――すべての人の日々の暮らしの慰めであり、手助けとなるべき芸術――を創り上げる道を阻んでいるのは何かについての、皆さんとの意見交換なのだ。

芸術の創造を阻むものなどない、あったとしてもわずかで、容易に払いのけられる、と考える方もここにはおられるだろう。こう言われるかもしれない――少なくとも洗練された階級（中流階級）のあいだでは、芸術の歴史についていろんな角度からの知識が増え、それを充分理解する鑑賞力もある。多くの才能のある人や、数人の天才たちが芸術を実践し、なかなかの成果を生み出している。変化などほとんど望めないと思っていた分野でさえ、この50年のあいだに、芸術の新生・復興ともいえる事態が起こっているではないか――と。

そのかぎりでは、みな本当だ。芸術がどれだけ広範囲のものかわからない人にとっては、現在の状況は満足至極だろう。芸術が、社会全体の状況とどんなに密接に結びついているのか、とりわけ、肉体労働で生計を立てている人々、つまり私たちが労働者階級と呼んでいる人々の暮らしと、いかに固く結びついているのかがわからない人にとっては、現状は満足なことだろう。

だが、私としては、たとえ、芸術の進歩を喜ぶ風潮が近年目立っていても、その陰で、多くの思慮深い人々が芸術の将来にまったくの絶望を感じている、という点に注目せずにはいられない。芸術の現状を見れば、絶望するのも無理もない。ただし、それは、そうなるに至った原因や、そのなかに潜む変革への可能性を考慮していないがゆえの絶望だ。

だから、やたらと藪をつつくような言い方をやめて、じっさい、どういう状況に芸術があるのかを考えてみよう。

その場合、最初にお願いしたいのは、芸術という言葉の意味を、意識的な芸術作品、つまり絵画・彫刻や建築だけではなく、すべての日常生活用品の色や形にまで広げてもらいたいということだ。いや、それどころか、耕作地や牧草地の配置や、都市計画、あらゆる種類の道路管理にまで、一言で言えば、暮らしのすべての外的側面にまで広げてほしい。

というのも、皆さんにも賛同してもらいたいのだが、私たちが暮らす環境を構成しているものはすべて、その一つひとつが、美しいか醜いかのどちらかでしかないからだ。人間を高めるか貶《おとし》めるか、あるいは作るのが苦痛なお荷物か、それとも製作者にとって喜びであり慰めであるか、そのどちらかでしかないからだ。

そう考えて見渡すと、こんにち私たちを取り巻く環境は、いったいどうなっているのだろう？　私たちの後に続く人々に、この地球に何をしたと聞かれたら、いったいどう説明できるのだろう。何千年ものあいだの争いや、無頓着や利己主義にもかかわらず、先祖たちは、それでも、美しいままの地球を手渡してくれたというのに。

これは、簡単に答えられる問題ではまったくない。それに、皆さんは、これを、単なる演説のための美辞麗句だとは思わないはずだ。少なくとも、かつてオックスフォードで学んだ私たちにとって、愛さずにはいられない眺めや思い出がいっぱいのこの地で問うからには、これはとても厳粛な問題だろう。先祖が希望を持って築いた建物や、こんなにも愛情を持って作り上げた郷土のただなかで、地上の美などほんの一瞬のものだと言える人がいるとしたら、なんと狭隘で未熟な精神の持ち主だろう。

それなのに、後輩の私たちは、では地上の美、つまり芸術と呼ばれることがらを、いったいどう扱ってきたのだ？

絵画・彫刻は装飾芸術から切り離され、身分も上下に分けられた

皆さんには珍しくもないだろうが、芸術は大きく言って二つに分けられる、ということからまず始めよう。単なる便宜的な言い方だが、一方を知的芸術、他方を装飾芸術と呼ぶこともある。前者は精神的要求を満たすためにのみあり、作り出された作品はもっぱら私たちの精神を豊かにするだけで、物質的要求についてはまったく無関係だ。後者も、その大部分を占める芸術の要素としては、もちろん心に訴えるが、後者が元々意図しているのは、身体的用途に応えることで、精神的要素は常にその一部でしかない。

さらにつけ加えれば、これまで、純粋な意味での知的芸術が生まれなかった国家や時代はあるが、後者の装飾芸術（あるいは、少なくともそのつもりの芸術）がなかった時代や国家は存在しない。そして、芸術が健やかに育つ状況下では、両者はいつも固く結びついていた。その結びつきは緊密で、芸術が最も花開いた時代には、高尚な芸術も高くない芸術も厳密な境界線で隔てられているわけではなかった。

俗に言うように、最も高尚な知的芸術は視覚に訴えることを意図しており、感情をかきたて知性を鍛える。誰の胸にも響き、知性のあらゆる側面に訴えかける。他方、最も慎ましい装飾芸術の場合も、知的芸術と意味および感情を共有している。双方は互いに、ほとんど見分けがつかない濃淡のグラデーションで溶けあう。つまり、最高の芸術家は労働する職人でもあり、最も質素な職人労働者も芸術家なのだ。

だが、現在はこうなっていない。ここ二、三世紀前の文明社会から、そうではなくなった。知的芸術は、くっきりと鋭い境界線で装飾芸術から切り離されてしまった。それぞれの名のもとに作られる作品が分けられただけでなく、生産者たちの社会的地位までもが切り離されたのだ。知的芸術を追求する人々はみな、神の思し召しのおかげで、芸術を職業とする者か紳士階級《ジェントルマン》※1であるが、装飾芸術を追求する者は、週給を稼ぐ労働者だ。つまり、非ジェントルマンなのだ。

協働がない状況では、天才も孤立し民衆も傷つく

さて、さっきも述べたように、現在、才能ある多数の者と幾人かの天才が、知的芸術——主に絵画と彫刻——に取り組み、作品を生み出している。この場に限らず、彼らの作品を批判するのは私の本分ではない

※1　19世紀の英国では「ジェントルマン」という呼び方は、厳密には上・中流階級の家柄の男性のみに使った。こんにちでは、礼儀正しく洗練された男性という意味で、男性一般にジェントルマンと呼びかけたりする。だが、もともとは階級の上下という概念と不可分だった。これを嫌ったモリスは、この言葉を否定的な意味で使っている。モリスの小説『ジョン・ボールの夢』の冒頭の口絵キャプション「アダムが耕し、イヴが紡いでいたときに、ジェントルマンなどいただろうか」がその典型的表現。

が、今日の主題からいって、次のことには触れざるを得ない。知的芸術を遂行している者は二つに分類することができる。一方のグループは、その技能のレベルゆえにどんな時代でも高い位置を占められる人々だ。他方のグループは、ジェントルマン芸術家としての地位を維持しているが、それは、たまたまそういう家に生まれたか、あるいは事業のオーナーだとかビジネス上の習わしだとか、何にしてもそういう類《たぐ》いで得たもので、芸術的才能とはまったく釣り合っていない。

後者のグループが作り出す作品は、市場では盛んに売られているようだが、私には、世の中にとってほとんど価値があるとは思えない。それに、彼らの地位は、立派でも健全でもない。とはいえ、ほとんどの場合、個人的に非難されるべきではないだろう。たいていの場合、偉大でないとはいえ芸術の才能はあるし、他の職業では成功できなかったのだろうから。

じっさいのところ、彼らも、個人的成功という野望を追求させる現在の体制に駄目にされた、良き装飾職人だったのだ。自分より優れた能力の持ち主とであれ、劣る人々とであれ、民衆の芸術の生産のために他人と協働するという機会を、現在の体制が彼らから奪い去ったのだ。

第一グループに属する芸術家は、その位置にふさわしい仕事をして、世の中を豊かにするわけだが、そういう人は本当に数少ないと言わざるを得ない。彼らは、練達の技能を会得するため、信じられないほど努力し、不安や苦しさを乗り越え、卓越した精神と強い意志の力を発揮して、価値あるものを必然的に生み出した。

しかし、彼らもまた、協働作業を禁じて個人主義をあがめる、世の仕組みのために傷ついている。そもそも、彼らは伝統から切断されている。伝統は、時代を重ねた、奇跡的ともいえるほどの素晴らしい技術の蓄積であり、それがあれば、自分自身の努力抜きにその水準を共有することができるはずなのだ。

だが、それとまったく逆に、こんにちの芸術家は、大変な個人的努力によって、過去についての知識やそれに伴う共感を獲得したのだ。芸術の実践を助けるはずの伝統がもはや存在しないために、彼ら自身、すべてを一から個人的に学ぶという競争に苦しめられている。しかも、これがより問題だが、伝統の欠落によって、芸術家は自分の芸術を理解し評価してくれる聴衆にもこと欠くのだ。

芸術家自身は別にし、さらに、芸術家になれたかもしれない者――審美眼と技能という資質が充分で、かつ機会に恵まれていれば、芸術家になっていたかもしれない少数の者――も別にすれば、世間には、芸術についての真の知識もなく、ほとんど愛着心もない。

まったくないのだ。せいぜい残っているのは、生半可なひいき目だけで、それは、かつて芸術家と人々を結んでいた伝統の幻《まぼろし》でしかない。

だから芸術家は、言ってみれば人々が理解できない言葉で、自分を表現するしかない。これは彼らの責任ではない。もし世間の要望に沿うよう妥協して、芸術に無知な人々の曖昧模糊とした偏見を、何としてでも満足させようと努力するなら――そうすべきだと考える向きもあるようだが――、それは天賦の才能を投げ捨てるものだ。芸術に仕えるという栄光と義務を捨て、芸術の大義を裏切るものだ。

現在に助けられることもなく、過去に刺激されてはいるが過去を辱め、しかも、ある意味で過去に邪魔されながら、それぞれが個人的な仕事をするしかない。ある種の神聖な神秘力を備えた者として孤立し、何が起ころうとも、それを守るために最善を尽くすしかない。彼らの人生も作品も、この孤立ゆえに損なわれていることは疑いないだろう。

だが、民衆の側の損失はどうだ？　いったい、どうすればそれを量れるというのか？　自分たちの周りで、偉人が暮らして仕事をしているのに、その仕事の存在そのものを知らず、見たとしても、その意味すらわからないのだ！

芸術が健やかだった時代では、人間はすべて芸術家だった

芸術が豊富にあり健やかだった時代には、すべての人間は多かれ少なかれ芸術家だった。つまり、まっとうな人間なら誰にでもある美を求める本能が大変強力で、工芸職人全体が、意識的努力もせずに美しい物を常に作り出したのだ。そして、すべての人々が残らず、知的芸術を鑑賞できたのだ。

だから、芸術家たちは誰でも、確実に、心からの賞賛と共感を期待することができた。想像力を表現しようとしている者なら誰でも、そういう賞賛と共感を心から欲しているし、それがなければ、間違いなくなんらかの意味で傷つく。臆病になり、感じやすくなり、心が狭くなる。さもなければ、世をすねたり嘲《あざけ》ったりするだろうし、そうなると、ほとんど役に立たない。

だが、繰り返して言わせてもらうが、現代では、すべての人が芸術に無知で、気にも留めない。美に対する天性の本能は、ことあるごとに抑えられ挫かれる。その結果、比較的に知的でない装飾芸術において、人々は、自然な美的本能をまったく発揮しなくなった。

だから、意識的に努力して美しい物を作っているのでないかぎり、人の手で作り出される物が、現在では、すべて明らかに醜いのも当然だ。たとえ、芸術的な時代から培われてきた習慣、あるいは、家財道具などを装飾するという習慣が失われていないからといって、事態が改善されるわけではない。

なぜなら、誰かに喜びを与える意図などまったくない、まがいものの装飾は、とても下卑て馬鹿げているからだ。だから室内装飾品（upholstery）とか室内装飾業（upholsterer）という言葉には、気の利いた人間なら誰でもそういうナンセンスに対して感じる、「非常に馬鹿げた」という二次的ニュアンスが生まれたほどだ。

これが、装飾芸術がたどりついた現在なのだ。だが、皆さんが慌てて、装飾芸術の堕落は時間の問題だと結論しないように、ここで少し話を変えて、かつての装飾芸術はどうだったのかと思いを馳せていただこう。

どうか、考えてみてほしい。別に、そんなに歴史をさかのぼる必要はない。コンスタンティノープルの聖ソフィア大聖堂の綿密に施された厳《おごそ》かな美や、ヴェニスのサンマルコ寺院の黄金色に輝く黄昏、または、フランスの立派な大聖堂にある彫刻された絶壁や、馴れ親しんだ私たちの大聖堂の趣《おもむき》ある美しさ――そこまでさかのぼらなくてもいい。

ただオックスフォードの街並みを歩いて、繁盛する店やあの改革志向のカレッジの猛威を受けても、無傷で残されているものについて、じっくり考えてくれればいい。あるいは、いつかぶらりと出歩いて、ここから20マイル（約30キロ）以内の田舎に散らばる、人里離れた風情の村や小さな町を見てほしい。そうすれば、装飾芸術を失うことが、世界にとってどんなに大きな喪失であるかが、きっとわかるに違いない。

だから、私たちを取り巻く芸術の状況を考えると、協働という形態の芸術は絶滅していると結論せざるを得ない。天才や才能ある人間の意識的努力という形では存在しているが、協働的な芸術の欠落ゆえに、天才たちも傷つき挫折し、当然受けるべき共感も受けられずにいる。

文明社会は
自然と対話するシンプルな暮らしを許さない

このように、美を求める本能の抑圧は、装飾芸術を破壊し知的芸術を傷つけたが、私たちがこうむったダメージは、それに留まらない。

私は、ときには純然たる自然に逃げこみたいという衝動（そんなに珍しくもない感情だと思うが）に、共感することがある。醜いものや汚らしいものから、そして芸術の過剰という状況からだけではなく、秩序正しく飾り気のない芸術——たとえば、古代アテネの黄金期の愛すべき素朴な環境——からすら、逃れたくなる。

疲れた男が、外なる自然と親しく交わる暮らしそのものに価値を見出すことに、私はたまらなく共感を覚える。外なる自然、つまり、里の風景、風や天気、一日の移り変わり、そして野生動物や身近な動物たちの暮らしだ。それらのすべてに、日々の食糧を得るために日常的に関わり、休息し、そして、そこで無邪気な動物のような喜びを得る。

だが、このようなシンプルな動物としての暮らしを、心から味わい身を任せることは、文明社会のほとんどの人間にとって、不可能となった。文明は、こういうロマンスの喪失に対して償うべきだ、と私には思えるが、いまではそんなロマンスは、せわしい都会で見る田舎暮らしの夢のように、おぼろに浮かんでいるだけだ。

きれいな大気を守り、河川を汚さず、野原や耕作地の使用は納得いく程度に留《とど》めて、快適な状態に保つように努力し、平和を愛する市民が行きたいところを歩き回れる自由を保障し、かつ、庭やトウモロコシ畑が損なわれないようにする。それどころか、人類の夜明けに、自然とのあいだで荒っぽい闘いを繰り広げた記憶を思い出させるように、フェンスを張ったり耕作したりしてはいけない山や荒地を、そこここに残す。

人間が楽しみ休息するために、せめてそれくらいは思慮深くあってくれ、と文明社会に望むのは無理なのか？　いつも過酷な労働を私たちに押しつける文明社会に対して、この程度のことはやらせてくれと願うのは、望み過ぎなのか？　無理な要求でもなんでもないではないか。

それなのに、こんにちの社会体制のもとでは、これはまったく不可能なのだ。美を求める本能の喪失によって、民衆の芸術が奪われただけではない。その本能を奪った力は、さらにせっせと働いて、私たちから唯一の埋め合わせをも奪おうとしている。この地球の表面に存在する美そのものを、確実に、急速に、剥ぎ取ろうとしているのだ。

ロンドンやそのほかの大商業都市は、ひたすら、不潔さ、汚さ、むさくるしさの塊だ。見る目があり意味のわかる人なら、見ただけで吐き気を催す、尊大で悪趣味なおぞましい場所が散りばめられている。だが、大都市だけではない。また、イングランドのすべての州とそれを覆う空が、言いようもない汚れの層のもとに姿を隠しただけでもない。わが国には、病も広がっている。もし、芸術と理性に満ち、かつ秩序だった社会から旅人が訪れたら、汚れや醜さをそれとして愛する病が全国に蔓延していると思うだろう。すべての小さなマーケットタウン[※1]規模の町はどこでも、ロンドンやマンチェスターの地獄の威厳を、できる

※1　中世に領主から市（いち）を立てることを許可された町。

だけ真似ようと必死で狙っている。

最も古く麗《うるわ》しい町々の周りに広がるみすぼらしい郊外についても、皆さんに言わないといけないだろうか？　そのなかでも未だに最も美しいオックスフォードが直面する急激な悪化について、語らなければならないだろうか？　私たちに一筋でも常識が残っていたら、この周辺部も含めて、最も貴重な宝石のように扱うべき町ではないか。どんな犠牲を払っても、その美を保存すべきではないのか？

私が「どんな犠牲を払っても」と言ったのは、ほかでもない。これは私たちが所有する財産ではないからだ。私たちは、後世の人々のための管財人にすぎない。

私は、この宝石がどう扱われてきたかを見てきた世代だ。まるで、そこらの街道に転がる石のように、犬に投げつける程度のもののように、扱ってきたではないか。こんにちのオックスフォードと、30年前に初めて見た町とを比べてみれば、たとえ、今夜、皆さんに講演するという栄誉があったとしても、そんな町を訪問する悲嘆に（悲嘆としか表現のしようがない）、向き合えるかどうか疑わしいほどだ。

だが、都市が恥さらしで、町々は物笑いの種だというだけではない。人の住まいが言いようもなく下品で、醜いというだけではない。牛小屋や厩舎、いや、農場のために必要な最も一般的な設備ですら、同じ汚い絵筆で塗りたくったように、醜くなっている。

樹木が切り倒されたり吹き飛ばされたりすると、それよりひどい木が、代わりに（あるとしたらだが）植えられる。つまり、わが文明は、まるで胴枯れ病のように、国土すべての上に、重く毒気をはらんで広がっているのだ。だから、いかなる変化の場合でも、間違いなく外観がひどくなる。

そうなれば、結果はこうだ。大芸術家の心は狭隘になり、孤立ゆえに、他者への共感も凍りつく。協働作業で生み出される芸術は、袋小路に入る。それと、同時に、偉大な芸術と小芸術（装飾芸術）の双方が拠りどころにしてきた、栄養そのものが破壊されるのだ。こんこんと湧き出る芸術の泉が、その源で毒されてしまうのだ。

現在の競争体制は永遠の体制ではない

さて、文明の進歩にとっては、こういう邪悪がこれからも必要だと考えている人たちは、間違いなくそれを最大限活用し、悪にはひたすら目をつむって、現代芸術の痙攣《けいれん》のような生きざまを賞賛するだろう。だが、私自身は、こんなものは文明に必要どころか、文明のほんの一段階に付随するものでしかないと思う。これまでの歴史がすべてそうであったように、変化して、別のものに移りゆくだろう。

私は、また、現在の社会状況の基本的特徴は、芸術や暮らしの喜びを徹底的に破壊し去ったことだと確信している。そして、この状況が消え失せれば、人間におのずと備わっている美への愛や、それを表現したいという欲望が抑えきれずにあふれだし、芸術は解放されると信じている。同時に、次の点も、単に認めるだけでなく、力説しておきたい（力説すべき最も大事なことだと思う）。それは、生活手段の生産と交換における競争体制が続くかぎり、芸術は劣悪化するということだ。そして、この体制が永遠に続くようなら、芸術の運命は尽き果て、確実に死んでしまうだろう。ということは、文明も死ぬということだ。

現在、一般的にいって、この競争主義、あるいは「落ちこぼれは鬼に食われろ」とでもいうような早い者勝ちの体制が、世界が経験する最終的経済体制だと考えられているようだ。完璧で、したがって完成形態だそうだ。最も博学な人すらそう考えているらしいから、これに逆らうなんて、まったく図々しいことなのだろう。

私には学識があるわけではない。しかし、これまで、歴史をこう教わってきた――家父長制度[※1]が崩れて市民と奴隷の制度が生まれ、それが次には、封建君主と農奴の社会へと移り、その変化した形態では、中世都市市民とギルドの親方およびその職人が歴史を担い、そこから、現在のいわゆる自由契約の体制へと変化してきたのだと。

世界が始まったときから、すべての物事はこの体制の発展に資してきたということを、進んで認めよう。じっさい、それは存在しているのだから。だが、出来事自体が進化変遷していることからして、歴史上のすべての出来事が、それを永遠に固定化する目的で起こっているなどとは、私には信じることはできない。

こういうことを言うのは、実は、私が「社会主義者と呼ばれる者の一人」だからだ。それゆえ、私は、人の暮らしにおける経済面の進化は続くと確信している。たとえ、明らかな自己利益を――意識的にせよ無意識的にせよ――現在にだけ結びつけ、したがって、未来に対して望みを持たない人々が、進化の道筋にどんな怪しげな障害を設けようとも、私の確信は変わらない。人間どうしの競争などという状況は非人間的でしかなく、私は人間どうしの協力を支持する。

封建的人間関係に締めつけられた未発達な中世的競争からの変化、そして、ギルド職人組合の試みがもたらした本格的な19世紀の自由競争主義経済への変化、これらは、混乱のなかから連帯の精神を生み出した。その精神は、対立関係を基礎にして成立したもので、混乱状態を永続させようとするやり方そのものによって生まれたのだ。対立関係は、人類のすべての状況変化を生み出してきたのであり、いつの日か、階級をす

※1　古代ローマに典型的に見られた制度。家父長が家族の他のメンバーに対して、生殺与奪を含めた絶対的な支配権を持つ。子どもを奴隷として売ることも、奴隷を子どもにすることもできたという。

べて廃止して、明確で実践的な社会形態をとらせることだろう。そして、生活手段の生産や交換に関わるすべてから競争を失くし、協力が取って代わるだろう。

そういう変化が起これば、いろんな面で良い結果を生むだろうが、とくに、芸術――いまは、競争を追い求める商業主義の守銭奴に押しつぶされている芸術――が、新生の機会を得るにちがいない。

現代社会は大多数の人間の不幸せな労働で成り立っている

芸術へのこの希望は、私が堅く信じている真理、しかも重要な真理を拠りどころにしている。つまり、最高レベルの芸術をも含めて、芸術は、大多数の人間が労働する状況を反映しているということだ。「最高の知的芸術なら一般的な状況に影響されない」と自惚《うぬぼ》れてみても、それは無駄で無意味だ。なぜなら、特別の教育や、洗練された特定の人間や階級を基礎に築かれたと自称する芸術などは、必然的に、非現実的となり短命に違いないからだ。

そもそも、**芸術は、労働における人間の喜びの表現である**。文字どおりではないとしても、少なくともこれは、ラスキン教授の芸術に関する思想を体現した言葉だ。これ以上に重要な真理は、歴史的にも存在しない。労働において喜びを得ることが普遍的に可能なら、喜びもない労働を承諾するなど、なんて奇妙で馬鹿げたことか。そして、社会が、喜びのない労働をほとんどの人間に強要するなら、それは、なんと忌まわしい不正であることか！

まっとうな人間なら、みんな働かなければならないわけだから、問題は、人間に不幸な生活を送るよう強制するのか、あるいは、不幸に暮らすことを認めるのか、ということになる。

だから、現代の社会状況に対して私が一番問題にしたいのは、この社会が大多数の人間の芸術なき労働、不幸せな労働の上に成り立っていることだ。これまで述べてきた、わが国の外観の劣悪化を私が憎むのは、なおも芸術を愛している私たち少数の者にとって、それを見ると悲しくなるからというだけではない。同時に、そして基本的に、それこそが、競争主義の商業体制が大多数の市民に強いている惨めな暮らしの象徴だからだ。

幸せな労働は変化に富み、創造の喜びがあり、人に役立つ実感がある

どんな手工芸品を作るときにも伴うであろう喜びは、その基礎に、健康な人間なら誰でも持っている、健やかな暮らしへの深い関心がある。そして、その喜びには、主に三つの要素があると考える。(1)多様性、(2)創造への期待感、そして、(3)役立つ感覚から生まれる自尊心である。さらに、身体的能力を巧みに使うことからくる、不思議な肉体的喜びも付け加えておかなければならない[※1]。本当にこうした要素を充分伴う労働なら、きっと心地良い労働になる。これを証明するのに、そんなに多くの言葉を費やす必要もないと思う。

多様性から生まれる喜びについては、なんであれ、何かを作ったことのある人なら、最初の見本ができた

※1　これを加えると四つになる。

ときのうれしさを、よく覚えているだろう。でも、まったく同じ物を、永遠に作り続けるよう強制されるとしたら、いったい、その喜びはどうなってしまうだろう。

創造への期待感については、職人である自分が作らなければ、まったく存在しない作品、それを作るにはあなたが必要で、あなたにとっては、それ以外には代わりがない価値ある作品、素晴らしいとさえ言える作品――これを作り出す喜び、このうれしさを理解できない者など、私たちのなかにいるだろうか?

それと同様に、役立つものを作り出したと意識したときに生まれる自尊心が、労働を快くすることは、きっと、誰にでもわかるだろう。馬鹿者や馬鹿な集団の気まぐれを満足させるためではなく、その品自体が本当に良いから、役に立つから作るのだとしたら、一日の仕事をやり通すのも、きっと楽になるに違いない。

さらに、仕事をするときの、理屈で割り切れない感覚的な喜びについては、そのおかげで、荒っぽく骨の折れる仕事でもやってのけられるのだと、私は固く信じている。これは世の常として人々が想像するより、ずっと強力な要素だ。いずれにしても、これは、どんな芸術を作り出す場合にも根底に横たわっており、それ抜きには、最も弱々しく、最も荒削りの作品ですら作れない。

手仕事で味わうこの複雑な喜びこそ、すべての労働者の生まれながらの権利だと、私は要求したい。その一部でも欠けていたら、労働がその程度に貶《おとし》められているということだ。もし、まったく存在しないなら、そういう労働をしているかぎり、労働者は奴隷というより――それでは表現が弱すぎる――、自分自身の惨めさをそれなりに承知している、機械でしかない。

こんな労働状況にある体制を変革することを願って、私は、このように、歴史に助けを求めてきた。この

「喜びをもたらす労働」という主張は、単なる突飛な夢物語ではなく、もっと確かなものに基礎をおいている。これを証言する歴史を、さらに明らかにしていきたい。

商業体制の発展以前、前進への希望が現に生きていたすべての時代、あらゆる国で作られ残されている各種の芸術品には、見るべき目と理解力を持った者が見ると、明らかに、生産にあたって常にある程度の喜びが伴ったことが見て取れる。形式主義的に証明することは、どれだけ困難だとしても、この事実は、広く芸術を研究した人々には、充分に認められている。

たとえば、この自称「芸術作品」は機械的に作られているとか、なんの感情もこもっていない、という形で批判することがある。その言葉づかいそのものが、一定の水準（芸術が健やかに実践されていた時代から培われた水準）の芸術家の、一般的感覚を正確に表現している。こういう機械的で感情のこもらない手仕事は、比較的最近まで存在しなかった。これが、金が支配する現代での労働のありさまであり、この支配ゆえに、あらゆるところにそういう仕事が存在する。

もちろん、中世の職人が、しばしば、言語道断な物質的抑圧をこうむっていたことは疑いもない。職人が暮らす封建社会では、職人と支配者とのあいだに、身分制度に基づく厳密な境界が横たわっていた。それでも、彼らの境界は、必然というより、たまたまできた違いだった。

こんにちの教養ある中流階級、いわゆる「ジェントルマン」と、尊敬に値する下層階級の人物を隔てているほどの、言葉づかい、マナー、考え方における深い溝は、存在しなかった。芸術家に必要な精神的資質——知性、空想する力、創造的想像力など——は、しのぎを削る競争市場のひき臼に砕かれることはなかった。また、富裕層（あるいは競争に成功した者というべきか）が、唯一知的な洗練さを持つと名乗れるわけでもなかった。

知性を備えた職人の労働が、どう変遷したのか

中世の手仕事《ハンディワーク》の状況について言えば、工芸職はギルド（職業別組合）に一括して集められた。確かに、ギルドはその仕事に従事する者を厳格に割り振っており、その門戸は慎重に守られている。

だが、ギルドの外では、市場での競争はほとんど存在しない。品物はそもそも、家庭内消費のために作られる。家庭で必要な分より余剰があれば、それだけが、ともかく生産地に近い市場に出されたり、あるいは、生産者と消費者とのあいだを行き来する者に託されたりする。だから、ギルド内部では、分業というものはほとんど存在しない。

男あるいは若者が、ひとたび、ある職業に徒弟として受け入れられると、その工芸を最初から最後まで学び、当然の成り行きとして、その親方になる。親方が、小資本家とさえも呼べなかったギルド制度の初期においては、工芸職のあいだでは、いま述べた一時的な違い以外は階層もなかった。

時代が進んで、ギルドの親方がある種の資本家になり、徒弟が、かつての親方のように特権を持った時期には、ジャーニーマン[※1]という階級が生まれた。だがジャーニーマンとギルドの特権階級との違いは、任意的なものでしかなく自由裁量だった。

つまり、この時代をとおして、常に、職人集団は知性を備えた男たちだったのだ。この労働スタイルのも

※1　徒弟期間を終了して一人前になった職人。

とでは、仕事を早く仕上げろという大きな圧力が加えられることもなく、職人は、ゆっくり思案をめぐらしながら仕事を仕上げることができた。一つの品を作るには、一人の人間が全面的に関わり、多数の者が少しずつ一部を担当するわけではなかった。労働者は、力量に応じて知性のすべてを発揮して磨き、些細な作業の一分野に、一面的にエネルギーを集中させる必要もない。すなわち、労働者は生き馬の目を抜く市場のために自分の手や魂を差し出す必要はなく、自由に当たり前の人間的成長を追求することができた。

人間が商業のためにあるという「教訓」などは学ばなかったけれども、商業が人間のためにあると素朴に考えていたこの体制こそが、中世芸術を生み出したのだ。自由に羽ばたく知性の持ち主たちが、調和して協力し合うことによって、いまだ前人未踏の最高レベルにまで到達したのだ。あらゆる芸術のなかで、のびのびした自由な芸術と呼べるのはこれだけだ。

この自由の影響、さらには、これが生み出した美的センスの広がり――というより普遍性――が明白となるのは、イタリア・ルネッサンスを特徴づける、数多くの素晴らしい天才たちの表現の爆発だ。輝かしいルネッサンスの芸術は、それに先立つ5世紀にわたって培われた、自由な民衆の芸術が結実したものであることは疑いがない。決して、同時期に成長した商業主義の勃興によるものではない。

現に、商業主義の競争が熾烈になるにしたがって、ルネッサンスの栄光は、不思議なほど急速に衰えていったではないか。だから、17世紀末には、知的芸術にしても装飾芸術にしても、平凡な作品や抜け殻は残っていたとしても、その魂、そのロマンスは無くなってしまった。

商業主義の発達を前にして、ルネッサンス精神はしだいに色あせ萎えていき、いまや商業主義が、文明社会全体で勢いを増しつつある。

家庭用の品も建築芸術の作品も、芸術どころか、市場競争のおもちゃにすぎなくなりつつある、いや、なってしまった。いまでは、文明社会の人間が使う形ある物はすべて、この市場競争を経なければならない。

もう、こんにちでは、先に見たような、充分に教養ある職人たちの集団がおこなっていたクラフト（手作業）・システム[※1]は、ほぼ完全に破壊されてしまった。それに代わったのが、こう呼ばせてほしいが、ワークショップ・システム（作業場制度[※2]）だ。その完成形では、作業の分業は最大限可能なまで進められ、生産の単位はもはや一人の人間ではなく、複数からなるグループであり、その一人ひとりは仲間に依存しており、自分だけではまったく役に立たない。

このワークショップ・システムでの分業は、次々と広がる市場の需要に刺激された階級――マニュファクチャーを進める階級――によって18世紀に完成された。それでも、それはまだ小規模で、家庭内工業といったたぐいのマニュファクチャー（工場制手工業）であり、ワークショップ創生期において、クラフト・システムの遺物が占めた位置になぞらえることができる。

先に述べたように、この制度のもとでは、芸術におけるすべてのロマンスは死んでしまったが、平凡なものはまだ全盛だった。というのも、マニュファクチャーという言葉の基本的意味であり目的である「品物を作り出す」という考えが、まだ新しいアイディアと闘争中だったからだ。新しい考えは、そののちに完全な勝利を獲得したが、これこそが、一方の工場主には利潤を生み出し、他方の労働者階級には雇用をもたらす

※1　ギルド全盛期の労働スタイルを指していると思われる。
※2　いわゆる問屋制手工業時代に、問屋から材料を請け負って、家庭や作業場で集まって仕事するスタイルを指していると思われる。

という考え方だ。

物を作るのではなく、利潤を生むことが目的に

商業のこの思想は、単に手段であるだけでなく、それ自体が目的でもある。だが、18世紀にはまだ発達途上であったため、ワークショップ・システムといっても、特殊にこの時期には、ものづくりへの一定の関心もまだ残っていた。

この時期、資本家でもある工場主は、いわゆる「評判をあげる」製品の生産に一種のプライドを持っていた。商業の歯車がいかに強引にのしかかろうとも、楽しみすべてを進んで犠牲にする気持ちにはなっていなかったのだ。雇われた労働者も、すでに芸術家――つまり自由な労働者――ではなくなってはいても、自分の手作業の技術を失っていなかった。もちろん、それは、一生かけて毎日骨折らなければならない仕事全体からいえば、ほんの一部にすぎなかったけれども。

だが、次々と開拓される新しい市場に刺激され、また、人類による発明に突き動かされて、商業はどんどん発達していった。その発明力は機械を編み出すまでになった。いまや工場制生産には欠かせないものとみなされている機械だ。そして、古くからのクラフト・システムとは正反対のシステムをもたらした。

クラフト・システムでは、手法が固定化され守られてきた。ローマのプリニクス[※1]の時代からトマス・モア[※2]の時代まで、一つの品物を作る方法には、そんなに大きな違いはなかった。だが、現代のマニュファクチャーの手法は、たった10年ごとどころか、毎年変わっていくのだ。この現実は、もちろん、この機械システム、工場制度の勝利を促進した。

ワークショップ時代に存在した機械のような労働者は、本当の機械に取って代えられている。（いまや操作《オペラティブ》する者という意味で呼ばれている）工員《オペラティブ》は、その機械の一部でしかなく、その存在意義も人数も、しだいにすり減りつつある。

この体制は、まだまだ発展途上だ。だから、ワークショップ・システムも、ある程度は併行して存在しているが、確実にしかも急速に工場制によって踏みつぶされていくだろう。そしてそのプロセスが完了すれば、もはや熟練労働者は存在せず、その部署は、高度に訓練された知能の高い専門家数人が指示する機械によって占められる。そして、技術も知性も必要ではない大勢の人々――男も女も子どもたちも――が機械に張り付く。

繰り返すが、このシステムは、過去の労働スタイルとほぼまったく反対のものだ。つまり、イタリア・ルネッサンス――こんにち、教養ある人々でも喜んで認めることもある、あのルネッサンスだ――の時代に咲き誇った素晴らしい芸術の爆発、そこへ駆け上がっていった民衆の芸術を生み出したものとは、正反対だ。だから、このシステムは、昔のクラフト・システムが生産した物と正反対の物を生み出す。それは、芸術の

※1　1世紀、古代ローマの博物誌家。
※2　16世紀英国の大法官。ヘンリー8世に処刑された。理想社会を描いた著作『ユートピア』で知られる。

死であり、創生ではない。言いかえれば、生活を取りまく環境の劣悪化、ただひたすらに不幸せな状況だ。この不幸せという呪いは、すべての社会に広がる。貧困に苦しむ人々のあいだからまず始まったが、私たち中流階級の人間は、いままさにそれを目にして、無邪気に驚愕している。

貧しい人々は、生きるために儚《はかな》い望みを抱き、人間とは思えないような力を出して競いあわされているが、それで得るものは、犬の餌や犬小屋以下でしかないのだ。彼らから、中流階級まで呪われている。中流の教養ある洗練された階級は、良い住まいに住み、おいしいものを食べ、いい服を着て、金のかかる教育も受けてはいるが、人生への興味をまったく欠いてしまっている。興味が残っているのは、不幸を美術として洗練させることくらいだろう。

だから、芸術のどこかがおかしいにちがいない。それとも、文明社会の家庭では、幸せな暮らしも病むしかないのだろうか。いったい、何がその病の原因なのだ？　機械を使った労働のせいだと言うのか？　さて、どうだろう。かつて、水車が作られたおかげで、ひき臼を回す辛い労働から解放されたことに欣喜雀躍している、古代シシリアの詩人の詩を聞かせてもらったことがある。これこそ、「省力機械」と呼ばれるものの発明を予見したときに、人が当然抱く希望ではないだろうか。

当然な感情だ。そもそも、私は、芸術の要素を含む労働には喜びが伴うべきだと述べたが、そうは言っても、なかには、喜びとは無縁でもおこなうべき労働もあることは、誰も否定できない。ただ苦痛なだけの不必要な労働も多くある。機械システムが、そういう労働を最小限にするために使われるならば、その素晴らしい発明はとても役に立つことになる。だが果たして、そうなっているだろうか。

世の中を見渡してほしい。そうすれば皆さんも、「現代のあらゆる機械は、一人の労働者の日常の労働を、果たして軽くしたのか」と疑問を抱いたジョン・スチュアート・ミルに、賛成するに違いない。なぜ、私たちの当たり前の望みは、こんなにも打ち砕かれなければならないのか。

それはまさに、機械の発明が厳然たる事実としてある現代において、機械は、労働の苦痛を無くすために発明されたわけでは、まったくないからだ。「省力機械」という語句は、言葉が省略されていてあいまいだが、意味するところは、労働経費を節約する機械であって、労働そのものを節約するわけではない。労働が節約できたら、その分、他の機械に対応するために労働力は使われる。

なぜなら、すでに述べたように、ワークショップ・システムの下で受け入れられだした「教義」は、いまや普遍的に受け入れられているからだ。もちろん、まだ、工場制度が完全に発達した段階とは言えないが。その「教義」とは、簡単に言えば、マニュファクチャーの基本的目的は、利潤をあげることだというものだ。

つまり、出来上がった製品がそれなりに世の中の役に立つかどうかを考慮するなんて、取るに足りないことで、一定の価格で製品を購入する人が見つかれば、それでいいのだ。一定の価格とは、生産に携わった労働者には、できるかぎり最低限の生活必需品と少しの慰めを与え、労働者を雇用する資本家に、褒美以上のものを残す価格であればいいのだ。

資本家の利潤づくりと、労働者の雇用づくりが、マニュファクチャー（工場制手工業）の、（あるいは、暮らしの、とすら言いかえられる）ただ一つの目的――こういう教義を、ほとんどすべての人が受け入れている。だから、この必然的帰結として、労働は当然にも無制限となり、労働を制限しようなどという試みは、愚かしいというよりも邪悪な行為だとなる。マニュファクチャー（工場制手工業）やそれが生産した商品販売によって、たとえ、社会にどんな悲惨がもたらされることになろうとも。

商業それ自体が目的であり、人間は商業のために存在し、商業が人間のためにあるのではないという迷信、これこそが、芸術を蝕《むしば》んだ。悪いのは、決して、この迷信が実行に移されたときに、たまたま応用された器具や機械ではない。

現在、私たちすべてがコントロールされてしまっている機械や鉄道などだが、私たちがこれを逆にコントロールできていたかもしれないのだ。腐敗と劣悪な無政府状態――もはや社会とよべないしろものだ――の確立に時間を費やして、なんとしても利潤と雇用を追求しようとしていなかったら、コントロールできたことだろう。

今夜の講演、そして、あらゆる講演で私がめざしているのは、皆さん方に、この混乱状態とその明白な結果をおかしいと感じてもらうことだ。そもそも、皆さんが、あるがままの現状に満足していると考えること自体、皆さんへの侮辱になると思う。

皆さんが、たとえば、美しいこの町から、すべての美が消えてなくなることに満足しているなんて。排煙に煤けたブラックカントリー[※1]の汚らしさや、ウィリアム・コベット[※2]言うところの「腫瘍のような人口密集都市のなかでも最大の密集都市」ロンドンの醜さに満足しているなんて。文明社会で暮らす人間を取り巻く見苦しく下劣な環境に、皆さんが満足しているなんて。

そして、最後に、言いようのない吐き気を催す生活から超越して暮らしていることに、満足していると思うなんて、それは失礼だろう。そういう暮らしの詳細は、まるで、どこか遠くの不幸な国の物語のように、

※1　バーミンガム周辺の工業地帯のこと。
※2　英国のジャーナリスト。1763～1835年。

ときどきほんの少し届いてくるが、私たちはほとんど聞く耳も持っていない。だが、考えてみてほしい、それこそが、この混乱状態、つまり私たちの社会を造っている土台、必須の基礎組みなのだ。

中流階級が描く理想社会は？

それに、ここにいる皆さんが、文明（まあ、婉曲にそう呼んでいるわけだが）の欠陥について、なんらかの改善策――たとえ曖昧なものだったとしても――のアイディアをお持ちであることも、間違いはないだろう。この経済体制が唱える教えも、よくご存知だと思う。現代の宗教と言ってもよく、これが、昔ながらの宗教の教え「義務を果たし、必要とする者には祝福を与える」に取って代わった。もちろん、皆さんはおわかりだろう。人が友だちにものをあげれば、両者ともにそれによって幸せになるが、金持ちが貧乏人に施せば、双方とも必ず惨めになるということを。なぜなら、両者は友だちどうしではないからだ。

こうしたなかにあっても、きっと、皆さん一人ひとりは、現状よりもましな暮らし方について、なんらかの考えを持っているにちがいない。「なんらかの」と言うのは、わが文明の永続的欠陥の一時しのぎ以上の方策であるということだ。

私たち中流階級の人間が抱く、より良い時代の理想、しかもできるかぎり可能で、進歩的な理想というのは、次のようなものだろうと思う。

まず、産業に従事する多くの労働者階級、それも、あまり洗練されていない（さもないと、やってほしいきつい仕事をしなくなるだろう）階級がいること。快適な暮らしをしていて（とはいえ、中流階級が味わっているような快適さではない）、それなりの教育を受けていて（受ける余裕があるなら、ということだが）、そして、過重な労働で酷使されてはいない。これは、労働者にしては働きすぎていないということだ。労働者にとっての軽い労働といっても、洗練された中流階級には少し過酷だろうから。

この働く階級が社会の基礎であり、その存在があるから、洗練された階級も良心の呵責もなくずいぶん安心して過ごせる。この洗練された階級から、労働者を指揮し監督する者（言いかえれば高い利子を取る金貸しだ）や、人々の道徳意識を宗教的・文学的に指導する者（聖職者、哲学者、新聞記者）、そして最後に、（そんなことが考えられるとしたら）芸術の指導者が生まれる。

第三の階級（その機能は定かではない）の有無にかかわらず、労働者階級と中流階級は善意に満ちて共に暮らす。中流階級は恩着せがましくなく下層階級を助け、下層階級も屈辱感を持たない。下層階級は自分たちの地位にまったく満足しており、両者にはなんの敵対感もない。

ただし、（いくらこんなユートピアを夢想する者でも、個人レベルの競争が必要だという考えは払い落とせないだろうから）、こんなに恵まれており尊敬されている下層階級でも、目の前にぶら下がる幸運をもっとつかみたいと望むことだろう。自分だけは上流階級へと成り上がり、労働者という固い殻など脱ぎ捨てたいと。

それに、もしかしたら、下層階級は、適切な政治や議会における力を欠いていることも問題だろう。すべての人間は（あるいは、ほぼすべての人間は）、投票箱の前では平等なのだから。ただし、他のものと同様に、買えるかぎりは平等ということだが。

こういう状態が、中流階級の進歩派リベラルが描く、理想的に改革された社会だと思われる。世の中すべてが、大なり小なり中流市民・ブルジョアとなり、商業競争の支配のもと平穏を味わい、心の安らぎを得て、すべての物事に立派な良心で接する。ただし、早い者勝ちのルールのもとでだが。

そんな「改善」は実現可能なのか

まあ、これがほんとうに実現できるなら、私には、別に反対する理由はまったくない。ことによると、宗教も、道徳も、芸術も、文学も、科学も栄えるだろうし、世の中は天国のようになるかもしれない。

だが、そんな改革は、すでに試してみたのではなかったか？　何人もの人が、歓喜に満ちて演壇に立っては、そういう良き時代の速やかな降臨について語ったのではないのか？　政治家が、一般的なテーマで大衆に呼びかけるときはいつでも——党内の駆け引きを忘れているときだが——、労働者階級の繁栄は継続的に前進していくと語られている。その政治家が党内政治を最も考えているときにも、まったく語られないわけでもない。

適切な敬意を示すべきところでは示したいと思うので、言っておこう。どんなに嘆かわしいほど現実が理想とかけ離れているかは承知しつつも、理想の実現を固く信じている人々は大勢いる。自分の時間や金を費やし、楽しみも犠牲にして、それどころか、不利益も顧みずに、この理想を実現しようとする人はたくさんいる。戦いを嫌い、平和を愛し、心優しく野心も持たず、一生懸命努力する人たちだ。

しかし、彼らが何をなしたのか？　選挙法改正[※1]のときと比べて、穀物法廃止[※2]のときと比べて、いったいどれだけ、その中流市民共和国の理想に近づいたのか？

※1　たとえば1867年の改革では、選挙資格が拡大し労働者の多くも選挙権を得た。
※2　穀物法は地主を守るために1815年に設定された保護貿易政策。1846年に廃止された。

たぶん、少しは、偉大なる変革に近づいているのだろう。自己満足の鎧《よろい》にひびが入り、無くすべきは商業競争の体制が生み出す不幸な出来事ではなく、体制そのものではないかという疑念が湧く――という程度には、近づいているのだろう。だが、人道主義と品位に満ちた体制という理想に近づいたかといえば、干し草の山に乗って、月に近づいたと言うようなものだ。

金銭・賃金問題については、そう多くを語りたくないが、この体制の本質である、恐ろしいまでの貧富の格差についてだけは触れておきたい。一定の限界線すら下回る貧困は、劣悪な奴隷状態そのものだ。

ここに、富裕中流階級の楽天的な人が作った資料があるが、それによると、英国の労働者家庭の平均的年収は100ポンドだという。[※1] こんな数字は信じられない。きっとインフレ時に膨れ上がった数字で、かつ、大半の労働者が直面している不安定な雇用状態を無視しているに違いない。

それを別にしたとしても、どうか、お願いだから「平均」などというものに逃げこまないでほしい。少なくとも、特定の場で働く特別な待遇の労働者層が受け取る高額賃金が、平均を引き上げている。また、工場地帯では、労働者家族の母親たちも働いており（最も忌まわしい習慣だ）、彼女らの賃金も含まれ、そのような諸々の要素で、膨れ上がっているからだ。この平均を出した人は、それらを明らかにせず、見た人が自分で見つけ出すに任せている。

だが、これすらも、問題の核心ではない。多くの民衆が苦役して、年に100ポンドもの巨大な平均賃金を得ているといわれるかたわらで、まったく働かない数千人が、その10倍もの年収を得ながらも貧しいと嘆いている状況では、私はとても救われた気持ちにはなれない。

※1　一人の平均年収ではなく、一家庭の年収という点に注意。

なぜなら、現に、イーストエンドの造船所の門の前では、１０００人以上の男たちが、劣悪な賃金でもいいから、せめて何人かでも働かせてもらえないかと、一日のほとんどを立ちん坊で待っているではないか。それに、イングランドのほとんどの地域で農場労働者の普通の賃金は週10シリング[※1]ではないか。農場主からも、それは破滅的だと考えられている。

こういう状態が続いているのに「平均」で満足なら、どうして労働者階級だけの平均で留めるのか。どうして、ウェストミンスター公爵から始まって、国民全員を計算に入れないのか。そして、イングランド国民の収入をほめそやして、高らかに讃美歌でも歌えばいい。

「平均値」などでごまかさず、現実を直視しよう

平均を取ることなどやめて、現実の彼らの暮らしや苦労を直視し、理解しようではないか。皆さんは、ブルジョア中流市民や急進派の理想を部分的には理解しているかもしれないが、ぜひ注目してほしいのは、この競争体制の裏には、現在も、そしてこれからもずっと、恥ずべき秘密が隠されているということだ。

私たちは、大量の裕福な中流階級を創造するかもしれない、いや、すでに創造してしまった。彼らは中流階級、繁盛している職工、小売商人などの周縁に漂っている。つけ加えれば、そういう人々は生まれつき善良な性格だからと言って、それで文明が誉れあるものになるわけではない。食べ物に関しては、意地汚いほど良いものを食べてはいるが、住居はセンスが悪く、教育も不充分で、下卑た迷信に押しつぶされ、道理に

※1　0・5ポンドに当たる。年収にすると約26ポンド。

かなった楽しみも持たず、美的感覚にはまったく無縁だ。

だが、まあ、それはいい。おそらく私たちは、とくに真剣に体制を変えることもなく、この階級の比率を、飛躍的に増大させてしまったのだ。しかし、その下には、なおもう一つの階級が存在しているのであり、これからも存在する。「落ちこぼれは鬼に食われろ」とでもいうような、圧政体制を続けているかぎり、絶対に失くすことはできない。その階級こそが、餌食にされている階級なのだ。

他の何にもまして、私たちは、彼らのことを忘れてはならない（じっさい、数週間ぐらいは忘れることはないだろうが）。そして「平均」値などで自分たちを慰めないでほしい。恐ろしいことに、報われることもなく尊厳を奪われ、空しいだけの困窮を味わう大量の人々の上に、金持ちの富も富裕層の快適さも成り立っているからだ。しかも最近では、その惨めな状態について、ほんのわずかしか語られなくなっている。それが事実だと知っているにもかかわらず、私たちが用心深く勤勉であれば（そういうことも、ほとんどないのに）、大幅に削減できるかもしれないなどと希望的に観測して、自分たちを慰めているだけではないか。

お聞きしたいが、そういう希望は、わが自慢の文明、完璧な信条・高潔な道徳・仰々しい政治的原理を誇る文明に、ふさわしいものなのか？　でも、皆さん、それとは異なる希望を抱く人もなかにはいる。社会全体の利益の名のもとに、永遠に劣悪な状況に置かれている階級など皆無の理想の社会を見たい、という者もいるのだ。こんな考えは途方もないと思うのだろうか？

皆さん、一つ覚えていてほしい。すべての平均がどうであろうと、危うい暮らしを生きている赤貧の最下層階級が、労働者階級全体の前に深淵のように存在しているのだ。競争ばかりの人生は、金持ちにそこその引退を用意し、裕福な男には他人への依存と骨の折れる小細工を弄《ろう》させるかもしれない。だが、それは、競争に敗れた労働者を、取り返しのつかない奈落の地獄へと引きずりこんでいくのだ。

少なくともここには、労働者階級を「無頓着で倹約もしないから自業自得だ」と責めて、自分の良心を慰めている人はほとんどいないと思う。だが、間違いなく、そう言う人も存在するのだ。金持ちで裕福な人々とはつきあいがあるが、日々働く労働者たちを知らない、高潔で厳格な哲学者などだ。

しかし、貧しい大衆が、どんなに痛々しいほど努力しているか、それ自体が非人間的な劣悪化だと言えるほど倹約しているか、私たちは充分承知しているではないか。そもそも本質的に陽気で、楽しむことも好きな彼らが、それにもかかわらず、なぜ深淵へと落ちこまなければならないのか。

なんだって！ そういう事態はないと言うのか！ 私たちの周辺のいたるところで、同じ階級の者たちが、自分のせいでもなんでもないのに、人生に失敗して落ちていくのを見ているではないか。いや、失敗者の多くは、むしろ、成功した者よりも立派で、役立っているのに。戦争は無制限の競争と呼ぶことができるが、その戦争で求められるように、人間が持つべき最高の作戦用装備は、良心の疼《うず》きを感じない冷徹な心だとでもいうのか？

現在の体制を穏やかな階級至上主義に改革しようとするリベラル派の理想は、まったく実現不可能だ。なぜなら、その体制は、結局のところ、冷酷無情な戦争の継続でしかないのだから。

ひとたび戦争が終われば、私たちが現在、商業という言葉で理解している事態も、終わることになるだろう。そして、それ自体としてはなんの値打ちもない商品、奴隷や奴隷所有者だけに役に立つ商品が山ほど生産されることもなくなり、ふたたび、どういうものが役に立ち、どういうものは作っても無駄かを判断するのに、芸術がものさしとなる日が来る。そもそも、作り手にも使い手にも喜びを与えないような物は、作られるべきではない。物を作る喜びこそが、労働者の手を動かして芸術を生み出すのだから。

だから、無駄な労働と役に立つ労働を区別するために、芸術が使われるだろう。だが、こんにちでは、これまで述べてきたように、労働が無駄かどうかは、まったく考慮の対象になっていない。何を作るための骨折り仕事だろうと、仕事しているかぎりは人は役に立っていると考えられているのだ。

まさに、競争的商業の本質こそが無駄の生産なのだ。それも、戦争のような無政府状況が生み出した無駄だ。金が支配する社会が、表面的秩序を保っていることに騙されないでほしい。

この社会は、戦争の古い形態と同様に、外見上は、素晴らしく穏やかな秩序を保っている。連隊の確固たる行進は、なんと整っていて安心させられることか。軍曹たちはなんと穏やかで立派に見えることか。大砲は一点の曇りもなく磨かれ、殺人の倉庫たる建物は新しいピンのようにピカピカだ。副官や軍曹の記録簿も、悪気なく書かれていることだろう。いや、そもそも、破壊や強奪のための指令そのものが、まるで立派な良心の証しであるかのような、落ち着いた正確さで下されるのだ。これこそが、破壊された麦畑や、焼け落ちた家、ずたずたにされた死体、大切な男たちの早すぎる死、誰もいなくなった家庭、これらを覆い隠す仮面なのだ。

これらすべてが、礼儀正しい軍隊が私たち銃後の者に向ける顔――秩序と謹厳さ――の結果なのだ。充分熟考できるくらい、何度も何度も雄弁に語られてきたではないか。戦争の栄光の裏面を何度も見せられてきたではないか。これ以上赤裸々に、懇切丁寧に示すことなど不可能なほどに。

それなのに、競争的商業もまた、こんな仮面をかぶっているのだ。もったいぶった堅苦しい秩序を装い、諸国間の交流を持ち上げ、平和を愛する言葉を振りまきながら、その裏側では、計算された精確さで全エネルギーがめざしているのは、ただ一つ。他人から生活手段を搾り取るということだ。それ以外は、すべては流れのままに運ばれ、誰が良い目に遭おうと悪い目に遭おうと一顧だにされない。戦火の中での強盗状態と同様に、ただ一つの狙いの前に、他のすべての目的は打ち砕かれていく。

しかも、商業競争は、少なくともある一点においては、本来の戦争より悪い。戦争には中断もあるが、商業競争は常に継続し休止がない。その指揮者やリーダーは、「世界が存在するかぎり継続しろ。これこそが、家庭にとっても人類の創造にとっても、究極の目的だ」と飽きることなく言い続けるのだ。ちょうど、ジョン・キーツ[※1]の言葉のように。

暗い鉱山で無数の男たちが苦労したのも彼らのため。
そんなことに半ばは無知、彼らは呑気に車輪を回転させ、
締めつけ剥ぎとるために、残酷な拷問装置を始動させた。

ジョン・キーツ「イザベラ、またはバジルの鉢」

競争主義のシステムを倒せるものは……

この恐ろしい機構を倒せるのは、何なのか。それ自体、とても強力で、心の狭いエネルギッシュな人間にありがちな利己心と愚かさと臆病さに、こんなにも根ざしたシステム。機構自体がとても頑健で、自ら生み出した無政府状態によって攻撃されても、固く自分を守っている。これを倒せるものは何なのか？

※1　19世紀初期の英国ロマン派の詩人。引用は『キーツ詩集』（岩波文庫、中村健二訳）より。

それは、その無政府状態に対する不満以外にはない。そして、その混乱のなかから生まれてくるであろう仕組み、いや、すでに生まれつつある仕組み以外にはない。ひとたびは、その体制の一部として内部にありながら、その破壊を運命づけられている仕組みだ。

なぜなら、産業主義は、古代のクラフトから、ワークショップ・システムを経て、工場や機械のシステムへと全面的に発展してきた。その過程で、労働者から、労働におけるすべての喜びも、労働の優越や秀逸さを願う気持ちも奪ってきたが、他面では同時に、労働者を一つの巨大な階級へと融合させてきたからだ。

そして、単調な生活を強いる抑圧と強制そのものが、逆に彼らを駆り立てて、共通の利害を持つという連帯感を育ませ、資本家階級の利害への敵愾心《てきがいしん》を自覚させてきたからだ。文明の全過程を通して、一つの階級として立ち上がる必要性を彼らは感じている。

先に述べたように、一部の人が夢見る穏健なブルジョア社会の普遍的支配のために、労働者階級が中流階級と連合することはありえない。なぜなら、たとえ、多くの人が労働者階級から抜け出て成り上がろうとも、そうなったとたんに、彼らは中流階級の一員となり、規模は小さくても、資本の所有者として労働を搾取するからだ。そして下層階級として取り残された者は、その分さらに深く、勝ち目のない競争に引きずりこまれる。

この過程は、ここ最近の大工場や大規模店舗の急速な成長によって、加速された。そういう大工場などは、小なりといえども親方になりたいと願っていた者や、小規模の商人階級の者たちによって運営されていた、小さなワークショップの名残りを絶滅させつつある。

こうして、競争によって、当然にも——競争とは必然的にそうなのだが——抑えこまれるなかで、階級としてのし上がることは不可能だと感じた労働者たちは、連帯を求め始めた。ちょうど、資本家の生来の傾向が競争にあるように、連帯は、労働者の自然な素質なのだ。ほかのどこにも存在しないとしても、労働者のなかには希望が湧き起こりつつある。階級制による堕落に、最終的に決着をつけようという希望が……。

変革への希望は中流階級にも広がっている

この希望が、中流階級にも広がっていると信じるからこそ、私は今夜、皆さんの前に立っている。この希望を成就することこそが、もう一つの希望――芸術の新生や、真に洗練された中流階級の創造――につながると確信して、皆さんの支持をいただきたく、ここに立っている。現在のような洗練の欠如は、暮らしを取りまく環境すべてが（金持ちの暮らしでさえも）みすぼらしく下卑ている点に、如実に表れている。階級制度という退廃を除去する可能性に、希望ではなく恐れを抱く人も、なかにはいるだろう。そういう人たちは、「こんな社会主義なんて、空疎な脅しでしかない。少なくとも英国ではそうだ」と考えて、自らを慰めるかもしれない。おそらく、こう考えているだろう。

「プロレタリアート[※1]には先の見こみなどないから、わが国ではそのうち鎮静するだろう。急速でほぼ完璧なわが国商業の発展によって、下層階級の団結の力など打ち砕いてしまうだろう。だいたい、労働者階級の階級としての発展のため結成された労働組合は、すでに保守的な障害物となり、中流階級の政治家による政争の具になっている。国全体に占める都会や工業地域の割合が非常に大きく、その住民は、もはや農民からではなく、町の住民、町で育った人口から供給されているのだが、彼らの体格なども毎年衰え、そもそも、

※1　無産階級とも言う。生産手段を持たず、労働力を売るしかない労働者階級を指す。

その教育はとても遅れているではないか」と。

英国では、労働者階級の大多数に希望がないというのは、その通りかもしれない。しばらくのあいだ、あるいは長期間でも、彼らを抑えつけておくのはそう難しいことではないかもしれない。だが、こんな希望的観測は、はっきり言って、卑劣漢の考えることだ。なぜなら、それは、労働者階級がよりひどい状況になることを前提にしている。こういう期待は、奴隷所有者やその取り巻きたちのものでしかない。

しかし、英国ですら、労働者階級のあいだで希望はふくらみつつあると私は信じている。いずれにせよ、一つだけ確実なことがある。少なくとも、不満は渦巻いているということだ。不条理な苦難を前にして、これを疑う人がいるだろうか。週10シリングで、満足に家計を維持できる人がどこにいるだろう。あるいは、表現不可能なほど不潔な部屋に住みながら、その「立派な」住まいのために、週給の10シリングを払わなければならないとしたら、誰が満足できるだろう？

毎日生き抜くのに必死だとしても、そのあいまに、「我々を抑えつけている者に、そうする権利があるのか」と思ってみる時間すらない、などということがあるだろうか？　自分たちは豊かで快適な暮らしをしながら、「社会には必要だ」と現状を前提にしている金持ちたち、そういう者の資格を労働者が疑問に思う時間すらないと、皆さんは思えるのか？

間違いなく、世の中には不満が渦巻いている。そして、金儲けのための金儲けではなく、何かより良いことがあるはずだと考えているすべての人に、私は呼びかけたい。この不満を希望に、つまり、社会新生の要求に変えるべく、人々を育てるのを助けてほしい。こう呼びかけるのは、私が不安だからではない。私自身が不満でいっぱいであり、正義を熱望しているからだ。

だが、皆さんのなかに、現在、海外で形づくられている不満に不安な人がいるとしたら、その不安に根拠がないとは断言できない。私は社会再建を願う社会主義を代表して、皆さんの前に立っているが、社会主義者を自称する他の人々のなかには、再建ではなく、破壊が目的の人たちもいる。現状がひどすぎて我慢できない（それはじっさいそのとおりだ）と思い、どんな犠牲を払ってでも攻撃をかけ、社会を揺さぶり続けるしか方法がない、そうすれば、ついには社会がよろめいて倒れるだろう、と考える人たちだ。

そういう教条に対して闘うには、復興をともなう変革への希望を内包する不満の意を対置する、そうする方が有効ではないか。そうするあいだも、たとえ、とても遅れてはいても、変革のときは必ずやってくる。中流階級が、プロレタリアートの不満を意識する日がいつか来る。それ以前にも、正義を愛し現実を見抜くことによって、自らの階級を指弾し、身分を投げうって労働者と運命をともにする者も現れるだろう。

そうでない人々の場合は、良心に目覚めたときには選択肢が目前に二つある。倫理観など投げ捨てて居直るか（彼らの倫理観の4分の3は偽善だが、4分の1は本物だ）、譲歩するかだ。

どちらの場合にしても、変革は訪れると私は信ずる。社会の新生を著しく遅らせられるものなど、何もない。だが、それに先立ってなされるべき教育――不満を自覚させる教育――を、平和的な性格にするのも暴力的なものにするのも、おそらく、おおいに中流階級の出方いかんにかかっているに違いない。

もし、妨害すれば、いったいどういう暴力的事態に巻きこまれることか。私たち中流階級がとくに誇りに思っている倫理観を、投げ捨てることすらあるかもしれない。変革を進める道を取れば、真実が勝利するよううひたすら努力することになる。それで何を恐れることがあるだろう？　少なくとも、自らの暴力や、自らの圧政を恐れることはなくなるではないか。

芸術は長く、人生は短い

もう一度言おう。もはや事態は進み過ぎており、「少なくとも正義を愛す」という見せかけも当たり前になり過ぎていて、もはや、中流階級が、プロレタリアートを資本の奴隷状態に固定しようと試みるには、無理がある。完全な零落という代償は払わないとしても、中流階級が現状のなかで真面目に動き出すや否や、どんなことでも起こる可能性はある。

意識的に不正を支える、そんな忍び寄る堕落を恐れる人たちが、この会場にはすでに何人かいることを願わずにいられない。そして、そういう半ば無意識の圧政から何とか逃れたいと必死であるようにと、願わずにはいられない。キーツが言った「半ばは無知」の圧政こそ、実を言えば、富裕層に共通している状況なのだ。

そういう人たちに、最後に二、三、言っておきたい。どうか、中流階級という気どりなど投げ捨てて、労働者と運命をともにしてほしい。信奉する大義の積極的推進をためらう人のなかには、組織に対する恐怖があるかもしれない。組織という言葉の持つ実用的でない響きを恐れているのだろう。英国一般でよくある感覚だが、とくに教養の高い人たちのあいだで多い傾向で、こう言ってよければ、古くからある大学で一番見られる傾向だ。

私は社会主義を宣伝する団体の一員なので、私の意見に賛成する人に心からお願いしたい。どうか私たちの活動を助けてほしい。できるなら時間を、才能を、そしてそれが駄目なら、少なくとも資金援助をしてほしい。私たちに賛成なのだったら、どうかお高くとまらないでほしい。私たちは、そんなに微妙なマナーや洗練された言葉づかいは身につけていない。いや、行動にあたっての思慮深さや、慎重な英知さえも身につけてはいない。長く続く商業競争が強いた圧政が、私たちからそんなものを叩き出してしまった。

芸術は長く、人生は短い。せめて、死ぬまでに何かをなそうではないか。私たちは完璧さを求めるが、それを実現するための完璧な手段など、見つけられない。正しい目的を持ち、誠実で実現可能な手段を考えている人たち、彼らと団結できるなら、それで充分としようではないか。この闘いの時代に、完璧な団体ができるまで待っていたりしたら、何かをなす前に死んでしまう。

いまこそ、力を貸してほしい。恵まれた生まれのゆえに、英知と教養を身につけることができた皆さんではないか。大義の実現に向けた私たちの日々の事業を手助けして、皆さんの優れた英知と洗練を吹きこんでほしい。そうすれば、皆さんもそのお返しに、そう完璧に賢くもなく洗練されてもいないと思う者たちから、勇気と希望をもらえることだろう。

覚えていてほしい。この恐ろしい自己中心のシステムに闘いを挑むには、武器は一つしかない。その武器こそ、**団結**なのだ。そうなのだ、そしてそれは、目的に敵対的であったり冷淡であったりする人たちと交わる際にも自覚できる、明確な団結でなければならない。組織された友愛こそが、金権支配が生み出した混乱の呪いを必ず打ち破る。

ある考えを抱いているのが一人だけなら、狂人と見なされる危険性がある。二人が共通して同じ考えを抱いていたら、馬鹿かもしれないが、狂っているはずはない。10人が考えを共有すれば、行動が起こる。100人なら、熱心だと注目を集めるだろう。1000人なら社会は揺らぎ始め、10万人が共有すれば戦闘が広がり、運動は具体的で現実的な勝利を得る。いや、どうして10万人だけに留まる必要がある？　どうして、1億人が共有して、地上に平和をもたらしてはいけないのか？　皆さんと私の意見が一致するなら、この問いに答えるべきなのは、私たちだ。

6

意味のある労働と無意味な労苦

Useful Work versus Useless Toil

1884年1月

ロンドンをはじめ、マンチェスターなど各地で講演され、パンフレットともなる労働には2種類ある。一方は生活を晴れやかにする恵みであり、他方は生活の重荷となる災いだ。一方には希望が含まれており、他方には希望がない。

文明社会の労働は、不平等に配分されている。階級は二つに分かれ、一方が他方の労働によって維持される。少数者による強奪と浪費こそが、多数を貧窮のなかに閉じこめている。

一方には、適切に使うことすら無理な大金を持つ者がいて、無駄が作られる。他方には、良品など買えない貧困層がいるから、粗悪品という無駄が作られる。楽しく意味のある労働を獲得しようとするなら、取り除くべきは、この体制だ。

社会主義者のなかには、圧政を廃止し、労働者が生産の成果と適切な休息を得られれば充分だと言う人もいるが、私は、労働そのものが楽しくなるよう求めたい。

労働を魅力的にするために必要なのは、短い労働時間、有意義さを自覚できて多様性に富んだ労働、快適な環境だ。不正と愚劣さに対しては、常に闘わねばならない。

「勤勉に働け」にごまかされてはならない

「意味のある労働と無意味な労苦」というタイトルを、奇妙に思われる読者もあるかもしれない。こんにちでは、ほとんどの人がすべての労働に意義があると考えているし、富裕層の大半などは、すべての労働が求めるに値するとみなしている。金持ちかどうかにかかわらず、ほとんどの人は、明らかに役に立たないと思える仕事をしている場合ですら、それで生活の糧を稼いでいるから良いと思っている。流行りの言葉で言えば「雇用《エンプロイメント》」されているというわけだ。※1

そして、「神聖な労働」という大義のために、労働者がすべての楽しみや休日をあきらめ、ひたすら「勤勉」に働きさえしたら、富裕層の大半はめでたい労働者に喝采し、よくやったとほめたたえる。つまり、労働それ自体が善であるという考えは、現代道徳の信条の一つになっている。他人を働かせて暮らしている者にとっては、ずいぶん都合の良い信条だ。

しかし、あてにされている当の労働者たちは、それを当然だと思わないでほしい。そして、事態をもう少し深く検討してみてほしい。

※1　employmentは使用、利用、活動の意味だったが、この頃から雇用の意味で使われだした。『The Victorians』（A. N. Wilson著、2002年）によれば、unemployment（失業）という言葉が生まれたのは1880年代後半だそうだ。この頃ロンドンやマンチェスターなどの主要都市で、大勢の労働者が雇用を求める自然発生的なデモが頻繁におこなわれた。

まず、労働しなければ人類は死に絶えるということは認めよう。自然は、生活の糧をただでは与えてくれない。程度はともかく、なんらかの苦労をしなければ、私たちは生活の糧を獲得できない。

では、この労働の強制に対して、自然は、私たちに何か埋め合わせを与えてくれてはいないだろうか。労働以外のことがらで考えると、個体や類の存続に不可欠な行為を、耐えられるだけでなく楽しいものにするように、自然はきちんと采配しているわけなのだから。

自然の摂理は、間違いなく労働においても働いている。つまり、健康な場合、人間は本質的に一定の条件下での労働に喜びを感じるのだ。

そうだとしても、先に述べたような、どんな労働であってもすべてを賞賛するような偽善に対しては、はっきり言っておかなくてはならない。天の恵みとはほど遠い、呪われたような労働も現実にある。社会にとっても、労働者にとっても、こんな労働には手を出さず、腕組みして拒否したほうが、ずっといい。もっとも、そうなると、その労働者は死を待つか、それとも救貧院[※1]や刑務所に送られてしまう。じっさい、そうなのだ。

このように、労働には2種類ある。一方は善で、他方は悪だ。一方は、生活を晴れやかにする恵みのよう

※1　当時の英国では、稼ぎ手が解雇されたりして食べていけなくなった家族を、救貧院（workhouse）という施設に収容した。救貧院は、貧困者を救済する慈善施設というたてまえだったが、男女別の集団生活のために家族もばらばらにされ、非常に粗末な食事で労働を強いられた。このため、多くの困窮者は、救貧院行きを死地へ向かうように恐れたという。ディケンズの小説『オリバー・ツイスト』では、孤児オリバーが救貧院で、わずかなお粥に対して「もう少しもらえませんか」と頼んで、逆に罰を受ける様子が描かれている。

であり、他方は、生活の重荷となる単なる災いだ。

では、両者の違いはどこにあるのか。一方には希望が含まれており、他方には希望がない。前者のような労働をおこなうのは人間らしく、後者は拒否するのが人間らしい。

では、労働に内在し、労働する価値があると思わせるような希望、その本質は何なのだろう。

楽しい労働には三つの希望が含まれる

それは三つの希望という要素から成るだろう。つまり、休息の望み、生産の望み、そして、労働そのものに喜びがあることだ。

しかも、その希望は、それなりに豊富で良質でなければならない。ゆったりと充分で、休息を取る意味があると思えること、愚かでも禁欲的でもない人が、生産するにふさわしいと思えるような生産物であること、そして、私たちが働いているあいだ、誰でもはっきりと意識できるような喜びに満ちていることだ。これは、単なる習慣とは違う。習慣とは、たとえば、落ち着きのない男が、いつも紐を弄《もてあそ》んでいるようなもので、それを失くしたときに喪失感を感じるわけだ。

休息の望みを真っ先に上げたが、それは、休息が最も単純で、最も自然な希望の要素だからだ。

そもそも、なんらかの喜びが含まれている労働であっても、すべての労働には、確かにある程度の苦痛が伴う。眠っているエネルギーを駆りたてて、行動を起こすときの動物的な苦痛、また、事態がかなりうまくいっているときに持つ、変化への動物的恐怖がある。こうした動物的苦痛の埋め合わせが、動物的休息だ。

仕事中にも、いつか働かなくてもいいときが来る、と感じられなくてはならない。そして、休憩するときが来れば、それは、充分楽しめる長い休息であるべきだ。単に、費やした力を回復するための必要最低時間ではいけない。この休息は動物的本能的なものであるべきだが、同時に、不安に脅かされるような休息では駄目だ。それでは楽しめない。そういう質と量が持てるなら、そのかぎりでは私たちは動物よりましだといえる。

生産の期待については、先に述べたように、自然は、そのために私たちを働かせる。だが、実際に大切な物を生産し、意味のない物は生産しないと気をつけるのは**私たち**だ。少なくとも、欲しくない物や、自分が使わせてもらえないような物は作らないと決めるのは、私たち自身だ。それに注意して意志を働かせるなら、そのかぎりで、私たちは機械よりましだ。

労働そのものの喜びについてだが、人によっては、これはずいぶん奇妙に響くにちがいない。ほとんどの人にとってそうかもしれない！　でも私は、すべての生き物は自分のエネルギーを使うときにある種の喜びを感じると思う。動物ですら、しなやかで、素早く、強い存在であることを喜ぶではないか。まして、労働中の人間は、自分が作ろうと思って取り組んでおり、したがって、存在を感じる何かを作っているわけで、身体エネルギーはもちろん、心と魂のエネルギーをも行使している。

記憶と想像力が人間の労働を助ける。自分自身の考えだけではなく、過去の人間たちの思考が、その手を導く。つまり、人類の一人として、人は創造するのだ。このように労働するならば、私たちは人間となり、私たちの日々は、幸せで意味あるものとなる。

このように、価値ある労働は、楽しい休息が待っているうれしさ、作った物を使うれしさ、そして、日常的に創造的技能を発揮するうれしさに満ちている。

これ以外の労働はすべて無価値だ。それは奴隷の労働だ。生きるための、ただの苦役であり、苦役のために生きていると言ってもよい。

現在の労働に三つの希望があるか？

さて、私たちは、世の中で現在おこなわれている労働を量る、いわば一対の秤《はかり》を手にした。だから、それを使ってみようではないか。

何千年も続いた苦役、何度も先延ばしされた多くの希望に満ちた約束、それを経て、いま文明の進歩と自由の獲得を祝う、これほどまでの歓喜の声。この現代に、私たちがおこなう労働の価値を推測してみよう。

文明社会でなされる労働で、まず簡単に目に付くのは、それが、社会のいろんな階級のあいだで、ずいぶん不平等に配分されていることだ。

まず、まったく労働せず、労働するふりすらしていない人々がいる[※1]。それも、わずかな人数ではない。次に、相当熱心に働く、かなり多くの人々がいる。もっとも、彼らは、権利も休暇も十二分に要求できるし、認められている。そして最後に、あまりにも必死に働いており、労働以外には何もしていない人々がいる。したがって、彼らは「労働者階級」と呼ばれ、先に述べた、富裕階級あるいは貴族階級や、中流階級と区別される。

この不平等が、「働く」階級に重くのしかかっているのは明白だ。この不平等のために、少なくとも休息の希望すら、目に見えて損なわれがちだ。その意味で、彼らは山野の動物よりもひどい状態にある。だがこれは、意味のある労働を無意味な労苦に変えた、私たちの馬鹿さ加減の要約でもなければ、結末でもない。単なる序の口だ。

なぜなら、まず、まったく働かない富裕階級について言えば、誰もが知っているように、彼らは何も生産しないにもかかわらず、大量に消費している。したがって、明らかに彼らは、まるで乞食のように、働く者の犠牲の上に養われている。ただの社会のお荷物だ。

最近では、多くの人が、これを理解するようになった。だがそういう人たちも、現制度の邪悪さをそれ以上は見抜くことができず、この重荷を取り除くなんらかの方策を、まるで考えようとしていない。おそら

※1　当時の貴族階級は、働かなくても安穏と暮らしていけるのがステータスの証だった。たとえば、午後には知り合いを訪問してお茶を飲みゴシップを交わし、夜はパーティや劇場やクラブに出かけて、一日を過ごす。貴族で職を持とうとする者がいれば、それが金銭的理由からならもちろんだが、生きがいのためであっても、貴族仲間から軽蔑された。

く、下院議員の選挙法改正に漠然と期待し、魔法のように良い方向に向かうと思っているのだろう。

こんな期待や迷信には、煩わされないほうがよい。それに、この階級、つまり貴族階級は、かつては国家にとって最も必要だと考えられていたが、いまや少数で、それ自体では権力を持っていない。むしろ、その下にある階級、つまり中流階級に依存しているのだ。[※1]じっさい、中流階級は、上流階級の一番の成功者か、その直接の子孫から成り立っている。

中流階級は、わが社会の商人、製造業者、職業人などを含んでいる。彼らは、一般的に、かなり精力的に働くように見受けられ、ちょっと見たところでは、重荷ではなく、社会を助けていると考えられるだろう。しかし彼らの大半は、働きはするが生産はしていない。もちろん、商品の配布（本当に無駄なことだが）に関わる人々、医師、あるいは（本物の）芸術家や文筆家の場合のように、生産する場合ですら、自分たちの相応の分け前とはまったく不相応に、大量に消費する。

中流階級で最も強力なのは、商業や製造業に携わっている者たちだが、彼らは、富の分け前をめぐる仲間うちの抗争に、生活もエネルギーも費やしている。そして、その富自体は、本当に働く労働者に**強制**して作らせたものだ。

※1　現在の日本では多くの人が自分を中流だと考えているが、貴族が階級として厳然と存在している英国では、中流階級と言えば、日本人の感覚より少し「上流」になるようだ。とりわけ資本主義勃興期である19世紀では、中流階級とは、教育を受ける余裕があり、商売を始める資金も持つ特別な層であった。こうして成り上がっていった中流階級は、経済的には資本家階級とほぼ重なっていく。

残りの中流階級は、ほとんどまったく彼らの腰巾着で、社会全体のためではなく、特権階級のために働いている。彼らは資産の寄生虫だ。法律家などのように、あからさまにそうふるまう者もいる。[※1]先に述べた医師などの職業は、役に立つように公言しているが、ほとんどの場合、なんの役にも立たない。彼ら自身が一部を構成する、愚劣でインチキで暴虐的な体制を支えているにすぎない。

そして忘れてならないが、一般的に言って、彼らはすべて、一つの目的を念頭に置いているが、それは、公共のための生産ではない。自分のため、あるいは子孫のために、まったく働かなくてもいい地位を獲得するという目的だ。それが彼らの野望であり、全人生における獲得目標なのだ。自分自身のためでなければ、少なくとも子孫のために、明らかに社会のお荷物でしかない誇り高き地位を得たいのだ。

彼らには、まがいものの威厳が漂っているかもしれないが、実は、仕事についてはは何も気にかけてはいない。ただし、数人の熱心な人々、科学者や芸術家や文筆家は別だ。彼らは「地の塩」と呼べるほど貴重な市民ではないとしても、少なくとも、惨めな体制に尽くす「塩」なのだ（なんと残念なことか！）。彼らは体制の奴隷だが、体制は、ことあるごとに彼らを妨げ、挫き、場合によっては腐敗させることすらある。

このように、全権力を握る、非常に多数の中流階級がいるわけだ。この階級もほとんど何も生産せず、巨大な量を消費する。だから基本的に、乞食のように、本当の生産者に支えられているわけだ。

※1　当時の裁判官や検事などは多くの場合、社会的地位のある人物（つまり貴族階級や中流階級）が正しいという予断を前提としており、弁護士を雇えるのは資金のある特権階級だけだったので、現在のような「庶民の味方」は、ほぼいないと言っていいだろう。モリスは、街頭演説をした罪で逮捕され、裁判にかけられた経験がある。その経験から、法律家は特権階級の代弁者でしかないと感じたのだろう。

労働者階級に重くのしかかる労働＝無駄の生産

さて、最後に検討すべき階級は、すべての生産物を生産しており、自らと他の階級すべてを支えている。にもかかわらず、他の階級より劣等な位置に置かれている。もっとも、本当の劣等とは、心身ともに堕落することを指すのだが。

ともあれ、圧制と愚劣さの必然的結果として、この労働者のうちの多くは、またもや、生産者とは言えない。大多数の者は、やはり、単に資産の寄生虫であり、なかには、寄生虫ぶりがあからさまな者もいる。たとえば、陸海軍の兵士などだ。彼らは、終わりなき国家間の抗争や敵対のために、そして、不払い労働による生産物の分け前をめぐる紛争のために、待機させられている。

このように、明白に生産者の重荷である兵士と、それとほとんど同様の召使いたち以外に、事務員、店員などの大群が存在する。彼らは、富を獲得するための私的争い――先に述べたように、これが、富裕な中流階級の本当の職業だ――に仕えるために雇われている。

これは、想像以上に大きな労働者の集団である。というのも、このなかには、競争にあけくれる、いわゆるセールスマン、あるいはもっと平たく言えば、商品の誇大広告に励む者が含まれる。そういう広告は、現在では驚くべき勢いで氾濫し、生産に使う経費よりも、販売に使う費用のほうがはるかに大きい商品がたくさんあるほどだ。

次に、こうした愚かで贅沢な製品を生産するために、雇われている人々の集団がある。こういう需要は、非生産的な金持ち階級が存在する結果として、もたらされたものだ。人間的で、堕落とは無縁な生活を送っている者なら欲しくもないし、夢にも考えつかない製品だ。

誰に反対されようとも、私は、こんなものを富（wealth）と呼ぶのは、絶対に拒否する。それは富などではない。ただの無駄だ。

富《ウェルス》とは、自然が私たちに与えてくれるものであり、道理をわきまえた人間が、道理にかなった用途のために、自然の恵みのなかから作り出すものだ。日光、新鮮な空気、損なわれていない地面、食糧、必要で見苦しくない衣服と住居、あらゆる種類の知識の蓄積、そしてそれを広める力、人間同士が自由なコミュニケーションを取るための手段、芸術作品、人が最も人間らしく、向上心に燃え、思慮深いときに創造する美、つまり、自由で人間的で堕落していない人間の楽しみ、そのために役立つすべてのもの。それが富である。

このカテゴリーのどれかに含まれないものなど、持つ価値があるとは思えない。だが、考えてみてほしい。世界の作業場たる英国の生産品は、どうなっているか。それを考えれば、私と同じように、困惑するのではないか。まともな人間なら望みもしないような品々が、私たちの無意味な労苦によって、大量に作り出され、販売されているのだから。

だが、さらに、多くの、非常に多くの労働者たちが強制されている、もっと悲しい産業さえ存在している。自分と同胞のための惨めな必需品の生産だ。なぜか。**彼らは劣等な階級だからだ。**

そもそも、多くの人間が生産もしないで暮らしているなら、いや、生産しないどころか、あまりにも空虚で馬鹿げた生活を送っており、誰も必要としない物、金持ちでさえ欲しがらないような物の生産を、多くの労働者に**強制**していれば、ほとんどの人間は豊かなはずがない。しかも、労働者は、彼らが支えている階級からの賃金で暮らしているから、人間が普通に欲しくなるような**良い品物**を使うことなどできず、下層階級向けの惨めな間に合わせで辛抱することになる。

つまり、滋養にならない粗悪な食物、体の保護もできない不潔な衣服、そして、悲惨な住居だ。文明社会の都市生活者が、遊牧民のテントや、有史以前の未開人の洞窟と比べてさえ、残念に思えるような住居に住んでいる。

それだけではなく、労働者たちは、世紀の偉大な産業的発明——粗悪品製造——にまで手を貸さなければならないのだ。こうして、労働者自身が使うために、金持ちの贅沢品を真似たまがいものが作られる。なぜなら、賃金労働者は、常に、賃金を支払う者が命ずるとおりに生きなければならないからだ。彼らの生活習慣は、まさに主人たちによって**強制**されている。

だが、新時代がほめそやす安価な商品生産、これへの軽蔑をいくら言い表そうとしても、時間の無駄というものだ。現代工業が依拠する搾取体制には、この安さが必要なのだと言えば充分だろう。

言いかえれば、私たちの社会には、奴隷として衣食住と気晴らしを与えなければならない、大量の囚われ人が含まれているということだ。そして、その奴隷は、毎日の必需品を稼ぐために、強制的に奴隷向け商品を生産させられており、その商品を使用することで、奴隷制度は永続していく。

自らの資源を無駄にする文明

では、要約しよう。文明国家での労働の在りようは、どうなっているのか。文明国家は、三つの階級から成り立っている。労働しているふりすらしない階級、労働しているかのようにふるまっているが、何も生産しない階級、そして、労働する階級だ。この労働する階級は、多くの場合、非生産的でしかない労働を他の2階級から強制されている。

したがって、文明は、自らの資源を無駄にしている。現在の体制が続くかぎり、その無駄は続く。冷たい言葉だが、私たちを痛めつけている圧制は、こう表現するしかないのだ。冷たいと思うなら、どうか、その意味を考えてみてほしい。

世界には、ある程度の天然資源と自然力がある。また、そこに住む人間の身体にも、一定の労働力が内在している。人間は何千年ものあいだ、必要に迫られ、欲望に刺激されて、自然の力を征服し、資源を自分たちに役立たせようと労働してきた。未来が見えない私たちの目には、自然との闘いはほとんど終わり、人類の自然への勝利は、ほぼ完璧に映る。

歴史が始まったときから振り返って見れば、この200年間の勝利は、これまでのどの時代よりもテンポが早く、その進展は驚くほどだ。

だから、私たち現代人は、以前のどの時代の人に比べても、ずっと裕福なはずだ。自然に勝利したことで手にした良きものにゆったりと囲まれ、一人残らず、豊かなはずではないか。

だが、現実はどうか？　文明人の大多数が貧困だということを否定できる人など、どこにいるだろう。あまりにも貧しすぎるから、「ひょっとしたら、祖先よりは少しは豊かなのではないか」などと、わざわざ議論するのが子どもじみて見えるほどだ。

彼らは貧しい。彼らの貧しさを、資源のない未開人の貧困と比べることはできない。なぜなら未開人は、その貧困以外には何も知らないのだから。空腹で、寒さに震え、住む家もなく、汚れていて、無教養だったとしても、未開人にとっては、自分の皮膚と同じくらいに自然なことだ。だが、私たちほとんどの現代人は、文明によって欲望を育まれている。それでいて、文明は、その欲望を満足させてくれない。文明はしみったれであるだけでなく、拷問的ですらある。

このように、自然は克服されたにもかかわらず、その実りは私たちの手から奪われた。自然が私たちの内部に作り出した衝動――休息し、獲得し、楽しむという希望に満ちた労働の衝動――は、期待にすがりつつ労働する衝動へと変質させられた。期待……でも、それは、労働するために生活するということなのだ！

では、いったいどうすべきか？　これを改めることができるのか？

もう一度、思いを馳せてほしい。自然との闘いに勝利したのは、はるかな祖先ではない。私たちの父親だ。いや、私たち自身ではないか。その私たちが、希望を失い、頼るすべもなく座りこんでしまうのは、本当に、奇妙で馬鹿げたことだ。絶対に正せるはずだと、確信を持とう。では、そのために、最初に何をなすべきか？

現代社会が2種類の階級に分裂し、一方の階級が、他の階級の労働によって維持されるという**特権**を持つ、ということを見てきた。

つまり、その階級は、他の階級に労働を強い、この下級の階級から奪えるものはすべて奪う。そして、その奪った富を、自分たちの優越した地位を維持するため、自分たちを他より高い存在にするために使う。他の階級よりも長生きし、より美しく、より敬われ、より洗練された存在にするためだ。

もっとも、私は、その階級が、**本当に**長生きで美しく洗練された存在でありたいと気にかけている、とは思わない。ただ、劣等な階級と**比較すれば**そうなると、主張しているだけだ。また、彼らは、下層階級の労働力を、真の富の生産のために公平に使うことができず、その労働力はすべて、がらくたの生産のために無駄にされている。

この少数者による強奪と浪費こそが、多数を貧窮のなかに閉じこめているのだ。社会の維持のためにこれを甘受すべきだというなら、もはや言うべきことはほとんどない。絶望した多数の者が、そのうちいつかは、社会を破壊してしまうだろうと指摘するのみだ。

だが、明らかになってきている事態は、正反対だ。たとえば（いわゆる）協同組合のような、不完全な実験的取り組みにおいてすら、富の生産のためには、特権階級などまったく必要でないことが示されている。むしろ、富を生産する労働者の「統治」のために、言いかえれば、特権の維持のために存在しているだけだ。

生産もせずに消費する特権階級の廃止を

したがって、まずなすべきことは、特権階級の廃止だ。人間としての義務を回避して、自分が拒絶する労働を他人に強制する、そういう階級の廃止だ。

すべての人間は能力に応じて働き、自分が消費するものは、自分で生産しなければならない。つまり、誰でも、暮らしのために働けるあいだは、働くべきだ。そして、その暮らしは保証されなければならない。ということは、社会が個々の構成員全員に与えるすべての恩恵に浴す、ということだ。

こうすれば、ついに、真の**社会**の基礎が作られる。その社会は、平等という条件の上に成り立つ。誰一人として、他人の便宜のために苦しめられることはない。いや、誰も、社会の都合によって苦しめられることなどない。そもそも、構成員一人ひとりの利益が守られない体制など、社会と呼ぶことはできない。

しかし、現在、人々はひどい暮らしをしている。多くの人間がまったく生産せず、あまりにも多くの労働が浪費されているのだ。だから、全員が生産し、どんな労働も無駄にしないという条件の下でなら、全員が、労働にふさわしい富を共有するという希望に満ちて働けるだけではなく、ふさわしい休息も共有できるに違いない。

それなら、ここでは、先に述べた意味のある労働の三つの本質的要素のうち、二つまでが労働者に約束されている。階級的強奪が廃止されれば、すべての人間が、自分の労働の成果を手にすることができ、そして、適切な休息――これが余暇《レジャー》だ――も得られる。

ところで、社会主義者のなかには、これ以上求める必要がないという人もいるかもしれない。つまり、労働者が自らの労働の生産物を完璧に獲得できて、休息もたっぷり取れるなら、それで充分だと言うだろう。

確かに、人間による圧制への強制は、これで廃止できるかもしれない。それでも私は、自然が強いた衝動[※1]の埋め合わせを求めたい。労働が嫌悪感を抱かせるようなものであるかぎり、それは日々の重荷となる。たとえ労働時間が短くなったとしても、それでは生活が損なわれる。

私たちが実現したいのは、喜びを減少させることなく富を増やす、ということなのだ。労働が生活の楽しみの一部にならないかぎり、自然を最終的に攻略したことにならない。

必要もない労働の強制から人々を解き放つ、そういう第一歩を踏み出せば、私たちは少なくとも、幸せな結末の方向へと向かっていくだろう。なぜなら、そうすれば、目的を実現する時間とチャンスを持てるからだ。

現在のように、まったく怠けて労働力を浪費したり、非生産的な労働で浪費したりしているようでは、文明世界がほんの少数によって支えられているのは、明らかだ。**すべての人**が、社会を支えるために**有意義な**労働をすれば、そして、私たちの生活水準を、現在の富裕層や洗練された層が望ましいと思うレベルの、基礎的な程度におさめれば、各人が分け合う労働は少なくなる。

そうすれば、余分の労働力が生まれ、満足できる程度に豊かになる。生きていくのも楽になるだろう。現

※1　生きるためには自然に働きかけて食糧を獲得せざるを得ないという、本能的衝動を指す。

在の体制では、朝に目覚めて「生活が楽になった」と感じたとしても、感じたそのとたんに、体制は私たちに労働を強い、生活はまた厳しくなる。そして、それを「能力の開発」とかなんとか、りっぱなフレーズで呼ぶのだ。

私たちの時代では、労働の増殖は必然的で、これが続くかぎりは、どんなに巧みな機械が発明されても、本当に私たちのためにはならない。

新しい機械はみな、産業をかき乱し、そこで働く者を悲惨な状態に落とし入れる。非常に多くの者が、熟練労働者から非熟練へと引きずり下ろされる。そのあと、次第に事態はお決まりのところに収まり、すべての労働者が、表面的にはまたスムーズに労働するようになる。これだけで革命が起こるというわけでないとしても、もっと多くの者が「素晴らしい新発明」の前に引きずり出されていくにつれ、事態は、そうなるかもしれない。

豊かになった労働力をどう使うか

革命が実現し「生活が楽に」なり、すべての人が仲よく協働して、誰も労働者の時間、つまり生活そのものを奪う人はいない——そういう未来では、自分が欲しくないものを無理やり作り続けさせられることもないし、ただ働きを強制されることもない。

そうすれば、ゆっくり落ち着いて、豊かな労働力をどう使うかを熟考できるようになる。私自身の考えでは、その富や自由を使って何よりもまずなすべきことは、最も必要で、まったくありきたりな労働も含めて、すべての労働を、誰にとっても気持ちの良いものにすることだ。

というのも、いろいろ考えてみて、私はこう思うのだ――人生にはいろんな出来事が起こり、悩みも出てくるが、それでも幸せな暮らしを送るには、生活すべての細部に、楽しい好奇心を持つことだ。

ひょっとして、この主張はあまりにもありきたりで、わざわざ言う必要などないと思う人もいるかもしれない。でもそれなら、現代文明では、いかに、それが許されていないかを思い浮かべてみてほしい。貧乏人の生活はなんとみすぼらしく、恐ろしい状況に置かれていることか。金持ちは金持ちで、なんと機械的で虚ろな生活を強いられていることか。

そして、私たち誰もが、自然の一部だと感じられるような休日は、なんと稀なことか。人間の暮らしは、他人の生活とつながる、いろんな小さな出来事が連鎖して紡がれ、偉大な人類全体の生活を築いていくわけだが、そういう自分の暮らしについて、ゆったりと思いにふけり、幸せな気持ちで、その移ろいを心に温めてみたりすることもできない。

だが、私たちが、断固として、すべての労働を、道理にかなった心地よいものに作り上げようとすれば、生活全体がそういう休暇となることだろう。もっとも、そうするためには、本当に、決然とした意志が必要だ。ここでは、中間的妥協策はなんの役にも立たないのだから。

現在の私たちの殺伐とした労働や、追われる動物のように不安と恐れでいっぱいの生活は、特権階級の利益の創出という現体制によって、強制されたものだということは、すでに述べてきた。これがどういう意味を持つかを、示す必要があるだろう。

現在の賃金と資本の制度のもとでは、「製造者（manufacturer）」――まったく馬鹿げた呼び方だ。

manufacturer《マニュファクチャラー》とは、本来、自分の手を使って製造する人という意味なのだから[※1]――は生産手段を独占しているので、それを使って、すべての人間に内在する労働力を、生産のために使用する。製造者は、特権を持たない人たちのご主人様というわけだ。

彼らが、彼らだけが、この労働力を利用することができる。他面から言えば、資本家にとって労働力とは、それによって「資本」――つまり過去の労働が蓄積した生産物――を生産的たらしめる唯一の商品だ。したがって資本家は、資本を持たない人々、そして労働力を売ることによってしか生きられない人々から、労働力を買うわけだ。この交換での資本家の目的は、資本を増やすこと、増殖させることにある。

明らかに資本家は、労働の対価の全額――つまり、労働者たちが生産したものすべてということだが――を労働者に支払っていては、目的が達せられない。だが、資本家は生産的労働の手段を独占しているのだから、自分にとって有利で、労働者にとっては不利な取り引きを、**強いる**ことができる。

その取り引きとはこうだ。労働者は、これなら穏やかに主人に服従するだろうというレベルに見積もられた生計費を与えられる。労働者が生産した残りの部分（しかも、じっさいそれは、かなりの大きな部分なのだ）は、資本家のものとなる。使おうが乱用しようが思いのまま、好きなように処分できる資本家の**財産**である。

そして、私たちがみんな知っているように、その財産は、陸軍や海軍、警察や刑務所によって、つまり大量の物質的力によって、油断なく守られているわけだ。しかも、無産大衆（労働者）の側の迷信や習慣や餓死への恐怖、一言で言えば彼らの**無知**によって、有産階級（資本家）は、この大量の物質力を、奴隷を服従

※1　manu-facture（r）のmanuには「手先の」という意味があり、facuture（r）は製作（する人）という意味だが、17世紀中期頃から工場制手工業（者）の意味で使われ始め、モリスの時代には、大規模な製造業（者）を意味するようになった。

させるために使えるのだ。

現体制下では魅力的な労働は得られない

別の機会があれば、この体制のその他の問題点について語ろう。だが、私がいま指摘したいのは、現体制下では、魅力的な労働を獲得することは不可能だということだ。そして繰り返して強調したいが、この略奪（これ以外に表現のしようがない）こそが、文明社会で可能な労働力を無駄にし、多くの人間に何もさせず、もっともっと多くの人になんの役にも立たないことを強制しているのだ。そして、本当に必要な労働をしている人間には、耐え難い過労を強いている。

いまこそわかってほしい。他人から盗んだ労働力を手段として生産する「製造者」の基本的目的は、品物の生産ではなく、利益の生産なのだ。利益とは、労働者の生計費や機械の減価償却費を、はるかに上回って生産される「富」のことだ。この「富」が本物かまがいものかなど、「製造者」にとっては、なんの関心もない。それが売れて、「利益」を生めば、それでいいのだ。

さきに述べたように、一方には、適切に使うことすら無理なほどの大金を持つ者がいて、彼らがまがいものの富を買うから、無駄が作られる。同時に、他方には、作るに値する良品など買えない貧困層がいるから、粗悪品という無駄が作られる。だから、資本家が「供給」する「需要」は、虚偽の需要なのだ。資本家が売買する市場は、賃労働と資本という強奪的体制が作り出した、悲惨な不平等によって「装備」されている。

したがって、すべての人のために、楽しく意味のある労働を絶対に獲得しようとするなら、取り除かなければならないのは、この体制なのだ。

労働を魅力あるものにする最初の一歩は、労働を実りあるようにする方策を取ることだ。土地や機械や工場などを含めた資本を、共同体の手に委《ゆだ》ね、すべての人のために使われるようにすることだ。そうすれば、私たちはみな、一人ひとりの本当の「需要」に「供給する」ために働くことができる。つまり、利益追求の市場向けの需要に応じて働く代わりに、生活のために働くことができる。利益のために働くのではないのだ。利益などというものは、その人の意志に反して、他人を無理に働かせる力である。

この一歩が踏み出され、自然が意図しているのはすべての人間が働くか、さもなくば餓死するかだと人々が理解し始めたとき、そして、人々が、もはや盗みの一形態を許すような馬鹿でなくなったとき、そういう幸せなときが訪れたら、私たちはこうした無駄の悩みから解き放たれる。そうすれば、さきにも述べたように、人間は大量の労働力を見出し、理性的な範囲で自由に楽しく生きることが可能となるだろう。私たちはもはや、飢餓の恐怖に駆り立てられることもなくなるだろう。この飢餓の恐怖は、未開人が感じたのと変わらないほどの感覚で、現代文明社会に生きる人々の大部分に憑《と》りついているものだ。労働力が少しも無駄にされない共同体においては、基本的必需品は、簡単にみんなに与えられる。だから、私たちはあたりを見回して、エネルギーを酷使することなく手に入る、本当に欲しいものを考える時間ができるだろう。

人々はしばしば、現在の上下関係による強制力がなくなれば、人はみな怠け者になるのではないかと懸念するが、そういう観念は、実は、私たちのほとんどが現在耐え忍ばなければならない過剰労働、ぞっとするような労働の重荷ゆえにつくりだされた、恐怖でしかない。

もう一度言おう。のんびりした時間を犠牲にしても惜しくない、そう感じるために一番必要なのは、労働そのものが魅力的なことだ。

この目的達成には、少しは辛抱がいるが、そんなに長く忍耐しなければならないことはない。というのも、闘いと革命の時期を切り抜けてきた人々は、実用主義一点張りの生活を長いあいだ我慢したりするような人ではない、と思うからだ。もっとも、無知な人々は、社会主義者が、まるで、そういう実用一点張りの生活をめざしているかのように非難しているが。

ただし、現代生活における装飾の分野は、すでに芯まで腐ってしまっているために、物事の新しい仕組みが実現する前に、いったん完全に拭い去ってしまわなければならないとは言える。もはや現代装飾には何も残っていないのだ。商業主義の圧制から解き放たれた人間の、向上心を満足させるようなものは、現代装飾からはまったく生まれてこない。

すべての労働が、いそいそと陽気におこなえる社会

私たちは、生活における装飾――心にとっても身体にとっても喜びであり、科学的にも、芸術的にも、社会的にも、個人的にも味わえる喜び――を、もう一度構築し始めなければならない。それは、自分も隣人も恩恵を受けていることを自覚した労働、いそいそと陽気におこなわれる労働を基礎にして、構築されていく。

私たちがやらなければならない最低限絶対に必要な労働は、最初のうちは毎日の仕事を占めるが、でも、わずかな時間でもあり、そんなにわずらわしいものではないだろう。とはいえ、それは毎日繰り返される仕事なので、少なくとも、続いているあいだは耐えられる程度でないと、日々の喜びが損なわれる。だから、私たちは、すべての労働を——たとえ最も平凡な労働でも——魅力的なものにしなければならない。

どうすれば、これが実現できるだろう？　この問題に答えるのが、この論文の残りの課題だ。そのヒントを示唆するにあたって、ことわっておきたい。提案の多くは、社会主義者がみな賛同するだろうが、なかには、一部の社会主義者にとっては、ちょっと奇妙で冒険的すぎると思えることがらもあると思う。私は、それを教義として絶対化するつもりはまったくない。ただ、私の個人的意見を述べているだけなので、そういうものとして聞いてほしい。

これまで述べてきたことから言えるのは、労働が魅力的であるためには、はっきり役立つとわかる目的に沿うものでなければならない。ただし、個人が、余暇の娯楽として自由におこなう場合は別だ。この、明らかに役立つという要素は、退屈な仕事を心地よくする、大変重要なポイントだ。なぜなら、新しい社会のなかでは、これまでのような宗教的道徳心や抽象的理想に対する責任感ではなく、社会的道徳観、人間生活に対する責任感が取って代わるからだ。

次のポイントは、労働時間の短さだ。これは強く主張する必要もないだろう。労働の無駄がなくなれば、労働時間を短縮**できる**ことは明らかだ。現在は苦痛な労働でも、費やす時間が大幅に削減されれば、楽に耐えられるものになる。

変化に富んだ労働を

その次に問題になるのは、労働の多様性であり、これが一番大切だ。逃れたり、変えたりする望みもないままに、同じ仕事を毎日強制されるのは、監獄生活の拷問のようなものだ。こんなことが必要なのは、儲けを搾り出す圧制だけだ。

机に向かっての作業から屋外作業を含めて、人間は、最低三つの技能を、簡単に学び実践することができるだろう。屋外の作業は、強健な身体のエネルギーを必要とする仕事だが、頭脳も関係する。たとえば、最も必要で楽しい仕事である土地の耕作、ほとんどの人がこれを生活の一部にしたいと望むだろう。

このように多様な労働を可能にする要因の一つに、社会的な仕組みが整えられた共同体における教育形態がある。

現在の教育はすべて、人間を、一方は主人として、他方は労働者として、商業主義の階級序列に組みこんでいくためにおこなわれている。雇用主のための教育は、労働者の教育と比べてお飾り程度だが、やはり営利目的だ。古くからの伝統ある大学ですら、長期的に**元が取れる**のでないかぎり、学ぶということにほとんど関心を払わない。

来るべき教育の眼目は、これとはまったく違う。異なる一人ひとりが、何に向いているかを見つけ、人々が進みたい道を歩んでいけるように手助けする。だから、然るべく組織化された社会では、教育、つまり、心身の鍛錬の一環として、青少年に好みの手工芸が教えられるだろう。

成人も、同じ学校で学ぶ機会が与えられる。なぜなら、教育がめざすのは、基本的に、個人それぞれの能力の発達だからだ。現在のように、すべての能力が、自分やご主人様の「金儲け」という、偉大な目的のために従属させられているのではない。今日の体制下では、多くの人の才能や天賦の才すら押しつぶされてしまっているが、未来社会では、それが引き出され、日々の労働はたやすく、しかも楽しいものになるだろう。

この多様性というテーマに関連して、ある生産産業について述べておきたい。その産業は、商業主義の被害をあまりにもひどくこうむってしまったため、ほとんど存在しているとは言えない。そして、私たちの時代ではあまりにも異質になってしまったので、この問題について述べても、理解できない人もいるのではないかと思う。だが、これは本当に重大なテーマなので、そういう人がいるとしても、語っておきたい。

私が言わんとしているのは、普通の労働者が、普通の労働をしているときに実現されており、また、されるべき芸術の分野だ。だから、それにふさわしく、**民衆の芸術**と呼ばれなければならない。

繰り返しになるが、この芸術は、商業主義に殺されてしまって、もはや存在していない。だが、人間が自然に立ち向かい合い始めた原始から、現在の資本主義が勃興するまでは健在であり、たいていは栄えていた。その頃は、人間が作ったものには、すべて装飾があった。ちょうど、自然が生み出したすべてのものが、自然によって飾られていたのと同じだ。

職人は、手元にある何かを形づくっているとき、とても自然に、まったく無意識に飾りを加えるので、どこまでが実用的で、どこからが装飾かを見分けるのは、難しいことが多い。

だから、この芸術の起源は、労働者が、自分の仕事に変化が欲しいと思ったことにある。この願いによって生産された美は、それ自体が、世界への素敵な贈り物だが、さらに大事なのは、労働者にとって、多様な変化と喜びが獲得されたということだ。なぜなら、これによって、すべての労働に喜びという刻印が押されたのだから。

だが、これらはすべて、文明社会の労働からは、ほぼ消えうせてしまった。もし装飾が欲しければ、特別に支払わなければならず、労働者は、他の商品と同様に、装飾品の生産を強要される。労働者は、人間の手で美を生み出すために、無理に、仕事が楽しいかのようにふるまうことになる。かつては労働の慰めだったことが、現在は余分な重荷となる。そして、装飾は、いまや愚劣で無意味な苦役となり、束縛としては、多分、一番楽だとも言えない。

気持ちの良い環境で働けること

さて、短い労働時間、労働の有意義さの自覚、さらに多様性のほかに、労働を魅力的にするために必要なことがらがある。それは、快適な環境だ。

文明社会の人間は、大量生産システムに必要だとして、惨めで汚い環境を、悦に入って受け入れている。それなら、社会全体としては、金持ちの私宅も、それにふさわしい量の汚物があってしかるべきではないか。ところが、金持ちが、石炭の燃え殻を応接室一面にばらまいたり、食堂の四隅に便器を置かせたりしていたら、どうなる。元は美しかった庭に、常時ほこりや塵の山を作ったり、シーツを一度も洗わず、テーブルクロスも換えず、一つのベッドに家族5人を寝かせたりしたら、[※1]その男はまちがいなく、「commission

※1　現代の私たちには、ここに描写された部屋の様子は、まるであくどい戯画のように思えるかもしれないが、当時は、これが実際に多くの労働者家族の部屋の現状だった。一つのベッドに何人も寝るために頭と足を互い違いにしたという。

of lunacy（精神異常担当委員会）」[※1]の爪に引っかけられてしまうことだろう。だが、こういう悲惨で愚劣なことが必要とみなされ、日常的に強制されているのが私たちの社会なのだ。これこそ、狂気に他ならない。皆さん方にお願いする。ただちに、文明に対して「commission of lunacy（精神異常担当委員会）」を呼び出してほしい。

人口過剰の町、唖然とするような工場建屋はすべて、ただただ、儲け優先でもたらされた。資本制製造業、資本制土地所有、資本主義の交換システムは、資本の利潤を得るために、人々を操って大都市に追いこんだ。この圧政は、工場のスペースを極端に縮小するので、たとえば、りっぱな織屋の内部も、あきれ返るほど機械と人が詰めこまれ、身の毛がよだつほどだ。

こんな状態にする必要がどこにあるのだ。利益を、人の命から搾り出そうと思うから、こうなる。酷使する奴隷に使わせ（服従させ）るために、安い商品を生産しようと思うから、こうなるのだ。もっとも、まだ、すべての労働が、工場へと駆り集められているわけではない。もう一度言うが、残虐なほどの儲け主義で発想しなければ、工場に集める必要など、ほとんどないのだ。こういう労働に従事している人が、密集した都会の一角に、無理やり豚のように集められなければならない理由など、まったくないのだ。

静かな田舎の家や、集団作業場や、小さな町など、それぞれが一番幸せに暮らせるところで、職業を追求してはいけない理由はどこにもないのだ。

※1　1845年の精神異常法によって設立された英国の公的機関。精神病者を収監し治療するとされるが、当時の治療は偏見に基づいた残酷なものが多かった。したがって、モリスは皮肉をこめて、それが必要なのは現在の文明だと述べているのだろう。

大規模な共同作業が必要な労働についても、一定の道理にかなった状況下で工場システムを取るとしたら（私には、それでもまだ問題があると思えるが）、少なくとも、いろんな楽しみに取り囲まれ、充実して熱意に満ちた、社会生活の機会が与えられるべきだ。

工場は、知的活動の中心でもありうるだろうし、そこでの労働は、かなりの変化に満ちたものであるだろう。必要な機械に対応する時間は、一人ひとりの労働者にとっては一日のうちのわずかな時間になる。それ以外の仕事は、周りの田舎での食糧作りから、芸術や科学の学習と実践まで、多様になるだろう。[※1]

もちろん、そういう仕事に就く人々は、自分の生活の主人公であり、先が見えないままに、あるいは急を要するからといって、不潔で無秩序で狭いところに押しこまれることなど、許しはしない。科学が適切に適用されて塵埃は取り除かれ、現在複雑な機械を使うときの不便さ（煙、悪臭、雑音など）も、完全ではないとしても最小限に抑えられる。

また、人々は、働く建屋も、暮らす建物も、美しい地球の上の醜い染みの状態では、辛抱しないだろう。工場、建物、納屋を、自分たちの家と同じように、まずは、まともで使いやすいものにする。そして、単に悪くもないし不快でもないという状態から、さらに改善して、美しい場所にまでするに違いない。そして、商業的強欲さのために、この間、息絶えさせられてしまっている建築という栄光の芸術が、再生し花開くことだろう。

※1　モリスの主催する講演会でよく講演したアナーキストのピョートル・クロポトキン（1842〜1921）も、『田園、工場、仕事場』という著作で、これと似通った牧歌的な工場のイメージを理想として描いている。

そういうわけで、私は、然るべく組織された共同体においては、労働は魅力的なものとなると考える。実用性を意識することによって、知的興味を持って遂行されることによって、その多様性によって、そして、心地よい環境で実行されることによって、そうなるだろう。だが、同時に、みんなもそう思うだろうが、1日の労働時間がうんざりするほど長いようではいけない。

そうすると、「最後の主張点である時間短縮は。他の4点とどう両立するのか。労働がそれほど洗練されているなら、できた品はとても贅沢な物になるのではないか？」という疑問が出るかもしれない。

実用主義的な過渡期も、平等と自然の美があれば

確かに、先にも述べたように、労働を魅力あるものにするためには、何かを諦める必要があることは、認めざるを得ない。

たとえば、将来の自由な共同体においても、現在のように、不潔で慌ただしく、無秩序で心のこもらない労働で満足**できる**なら、あるべき時間より、（あらゆる種類の労働を総合して言えば）ずっと大幅に時間削減できるかもしれない。

しかし、そんなことをすれば、新しく自由を獲得した暮らしも、落ち着かない惨めなものになってしまうではないか。もちろん、それは、現在のように、不安に満ちた生活――そんなものは、まったく論外だ――ではないだろうけれども。

だから、共同体全体が望ましいと求めている水準に引き上げるために、必要なら、休息時間を断念することも厭うべきでない。いや、それどころか、生活水準の向上に向けて、一人ひとりが、まったくの自由意志

で、競って時間と休息を犠牲にしていいと思う。

こうして、個人や、目的で一致する同好の士が、仕事や、その生産物への愛ゆえに——創造の喜びに突き動かされて——、みんなのために生活装飾品を生産する。現在では、人々は買収されて、少数の金持ちのためだけに生産している（あるいは生産しているふりをしている）のだが。

文明社会が始まって以来、まったく芸術や文学ぬきの暮らしが試みられたことはない。だが、文明が腐敗し退廃したという過去ゆえに、その灰のなかから生まれた未来社会は、芸術や文学の喜びを否定せざるを得ないかもしれない。もしそうなら、将来あるべき芸術の基礎として、実用主義一点張りの時期を、過渡期として受け入れよう。

私たちの街から、体の不自由な人や飢えて痩せこけた人がいなくなるなら、地球がみんなを等しく養ってくれるなら、太陽が私たちすべてを等しく照らしてくれるなら、そして夜も昼も、夏も冬も、地球が壮麗なドラマを繰り広げ、一人ひとりに地球を理解させ、愛させてくれるなら、少しのあいだは待てることだろう。そのうち、人類は、恥ずべき過去の腐敗から清められ、奴隷の恐怖や、強奪の恥辱から解放された人々のなかから、ふたたび芸術が勃興するだろう。

いずれにしても、その間にも、洗練されて深い思想に富み、綿密に熟考された労働は、きっと良い結果をもたらすに違いない。しかも、それは、長時間労働という衝動によるものではない。私たちの時代には、昔の人間にとっては突飛な夢のように思える機械が、発明されてきた。だが、このような機械を私たちはまだ

使いこなしていない。

これらの機械は、期待をこめて、一般的に省力機械と呼ばれるが、期待どおりになっていない。そういう機械が実際にしていることは、熟練労働者を不熟練労働者の位置に切り下げ、「労働予備軍（失業者）」の数を増やしているだけだ。つまり、労働者の生活をより不安定にし、（まるで主人に仕える奴隷のように）機械に仕える労働者の労働を強化する。

そしてもちろん、稼働中には、経営者への利益を山と積み上げてやり、さらに、その利益を激烈な商業戦争に消費するよう強制したりする。

真実の社会で初めて、奇跡の発明は、魅力的でない労働に要する時間を最小限にするために使われるだろう。機械によって大幅に時間短縮されるので、個人の負担はとても軽くなる。しかも、個人的に「元が取れる」かどうかではなく、共同体に恩恵を与えるかどうかで判断されるとなれば、機械は一段と改良されるようになるにちがいない。

それが、機械の当たり前の使い方になる。そしてしばらく経てば、人々はひたすら生活の糧を思いわずらう必要がないことを知り、自分の手を使って働く手作業に、興味と楽しみを見出すようになるだろう。そうなれば、機械の使用はある程度限られてくる。思慮と熟考のもとになされた手仕事は、機械労働よりもずっと魅力的となるだろう。

もう一度言おう。毎日の飢餓の恐怖から解放されれば、人々は、本当に何が欲しいのかを見つけだし、自身の必要性以外の何ものにも左右されなくなる。現在贅沢品と称されているただの空虚な品や、安価な商品と呼ばれる害毒やガラクタなど、作ることを拒否するだろう。

召使い用のビロードの半ズボンも、それを着る召使いがいなくなれば、誰も作らない。本物のバターを使えない貧困状態を強制されなければ、誰も、代用マーガリンを作って時間を無駄にすることもないだろう。粗悪品を規制する法律は、強盗たちのいる社会でのみ必要だが、そういう強盗社会では、法も死文にすぎない。

未来社会なら、辛くて嫌な仕事はどうするか

社会主義者は、よく、「辛い仕事や人が嫌がるような仕事を、新しい条件下でどう扱うのか」と聞かれる。こういう質問に、完璧に公式に答えるのは、不可能に近い。古い社会を原料にして、新社会プランを作成するようなものだからだ。その素材のうち、何が消え失せるか、あるいは、一大変革を経た進化のあとで、何が生き残るのか――これを知る前に答えるのだからだ。

とはいえ、一定の取り決めを想定してみるのは、そう難しいことではない。まず、最も大変な仕事は、最短期間に留めることだ。ここでも、多様で変化のある労働について述べたことが、適用される。果てしなく続く不快極まりない仕事に絶望しながら人生のすべてを費やすなどは、神学者が描いた地獄にはぴったりだろうが、それ以外の社会形態にはまったくふさわしくない。

さらに、その辛い仕事が、何か特殊なものであれば、それに挑戦するボランティアを特別に募集することも可能だろう。奴隷であったときに持っていた人間らしい輝きを、自由を得た人々が失っていないかぎり、そういうボランティアは必ず名乗り出てくるだろう。

とはいえ、私はこうも思う。どう改善しても、気分の悪くなるような仕事でしかなかったら、どうするか。期間を短くしたり、繰り返す間隔をあけたりしても、あるいは、自由意志で取り組むボランティアが育む特別で独特な貢献の実感（したがって名誉）でもってしても改善できないとしたら、労働者にとってはどうしても拷問でしかない労働だとしたら、いったい、どうするのか？

それなら、良いではないか。やらなければ天が落ちてくるかどうか、見てみようではないか。しなくてすめば、その方がいいに決まっている。それに、そういう労働の生産物は、苦労に値するはずがない。

さて、私たちは、「いかなる条件下でもすべての労働は神の祝福だ」という、なかば神学的な教条が、偽善的で間違いだということを見てきた。他面から言えば、休息と喜びへの適切な希望が伴うなら、労働は良いものだということだ。

私たちは文明社会の労働を秤にかけ、ほとんどの場合、それには希望が欠けており、不允分だと見出してきた。文明は、それゆえ、人類への恐ろしい呪いを生み出したことを知った。しかし、同時に、愚劣さと圧制によって、あるいは敵対階級の絶え間ない争いによって無駄にされなければ、世の労働は、希望と喜びに満ちて実践されるかもしれないことも見てきた。

心に抱く未来の平和が、混迷に満ちた人生を照らす

したがって、希望と喜びに満ちて、生活し、労働するために、必要なのは**平和**である。言葉の上では、平

和を熱望するとよく語られてきたが、これまで人間は、ずっとそれを行動において裏切ってきた。現代の私たちこそは、心から平和を念じ、どんな犠牲が伴おうとも、それを勝ち取ろうではないか。

だが、果たしてどういう犠牲なのか？　それは誰にもわからない。平和を、平和的に勝ち取れるだろうか？　ああ、どうしたら、それは可能になるのだろう！　私たちは、不正と愚劣さにこんなにも厚く取り巻かれており、どういう形であろうと、常にそれと闘わねばならない。

おそらく、私たち自身は、生きているあいだに、この闘いの結末を見ることはないだろう。出口の明かりをはっきり見ることすら、多分、ないだろう。おそらく、闘争が日に日に鋭く激しくなり、ついには、「平和的」な商業という緩慢で残酷な方法に代わって、公然と人間を殺害する、本当の戦闘が勃発する時代を見るのが、せいぜいではないか。

それを目の当たりにするまで生きていたら、かなりを見たことになる。なぜなら、それは、富裕階級が、自分たちの不正と強奪を自覚して、公然たる暴力で、意識的に防衛し始めたということだからだ。それは、結末が近づいていることを示している。

それはともかくとして、平和のための闘いがどういうものになろうとも、私たちは、それだけを一心に、確実に、目的として据え、いつも見失わないようにしよう。そうすれば、心に映った未来の平和は、混迷と悩みに満ちた人生を照らしてくれることだろう。その悩みが些細に思える場合にも、あるいは明らかに悲劇的な場合でも、道を示してくれることだろう。

そして私たちは、少なくとも希望のなかで、人間らしい人生を送るのだ。この現代世界において、これほどやりがいのあることはほかにありえない。

7

芸術の目的
The Aims of Art

ハマースミス支部での講演。その後、各地の支部でも講演される

1886年3月

芸術の目的は、人間を幸せにすることだ。人間の労働を楽しいものにし、休息を実りあるものにすることだ。本物の芸術は、一点の曇りもない人類への祝福だ。だが、その芸術が街から衰退しつつある。

芸術の大半は労働者の肩にかかっているが、労働者を劣等な階級とするシステムの下では、労働者は機械となるか、機械の召使いとなる。職人として、自分の意志で物を作り出す側面は、尽き果ててしまった。

芸術の目的とは、労働にかけられた呪いを破壊することだ。もはや、革命以外に希望は見出せない。革命後の社会では、大多数の人が生活の楽しさを噛みしめられるようになるまでは、労働軽減のための機械は発達するだろう。その後人々は、機械の多用を捨て、日常生活の詳細に関心を寄せることの楽しさを、再発見していくだろう。

最悪の事態は、現在の悪を耐え忍ぶことだ。各々が持ち分を引き受け、真摯に人生を生きよう。それこそ、芸術の目的だ。

人間はなぜ芸術を愛《いと》おしみ実践するのか

芸術の目的は何なのか。なぜ、人間は芸術を愛《いと》おしみ、わざわざ実践するのか。これを考える場合、私は良く知っている唯一の人間、つまり、私自身の経験を基礎にして思いめぐらすしかない。

さて、私の望みとは何かと考えると、それは他でもない、幸福であることだ。生きているかぎり、幸せでありたい。死については経験したこともないので、どういうことなのかさっぱりわからない。それについてどんな感情を抱いているのか、思い浮かべることさえできない。生きるとはどういうことかは知っているが、死後の世界などまるで想像もつかない。

ということで、私は幸せでありたい。そして、一般的に言って、時々は陽気でさえありたい。こういう気持ちは、誰もが普遍的に持つ望みであるに違いないと固く信じている。その実現のために役立つことなら、私はあらゆる努力を尽くして大事にしていきたい。

さて、私の暮らしをさらに考えてみると、そこには二つの気分が支配しているように思える。適切な言葉が思い浮かばないので、とりあえず、その二つを「活動的な気分（the mood of energy）」と「怠惰な気分（the mood of idleness）」とでも呼んでおこう。

あるときは私のなかの活動的気分が、あるときは怠惰な気分が、満足させろと叫んでいる。活動的な気分が支配するときは、私は何かをせずにいられない。でないと、意気消沈して不幸せになる。

怠惰な気分のときは、のんびりと休み、気持ちの良いものであれ悪いものであれ、浮かぶ光景に心をさまよわせる。それができないと、とても辛い。その光景は自分自身の経験から来る場合もあれば、歴史上の人物や、現代の誰かが考えた思想と対話する場合もある。なんらかの制約で、こういう怠ける時間を温めることができないとなると、何とか自分の気持ちを引き立てて、活動的気分が支配するようにして再び幸せになるまでは、一番ましな場合でも、苦痛の時間を通り抜けなければならないことになる。

活動的気分を甦らせて、私自身を幸せにすることがどうしてもできない場合、そして、怠惰な気分なのに骨の折れる仕事をしなければならない場合は、本当に惨めになる。死んだ方がましだと思うくらいだ。とは言っても、死ぬとはどういうことかは知らないのだが。

さらに言えば、私は、怠惰な気分のときは過去の記憶を楽しみ、活動的気分のときは未来の希望に励まされる。その希望は、スケールの大きい真面目な希望の場合もあるし、些細な望みの場合もある。でも、それなしには楽しい活動はできない。

ときには、そういう気分を、暇つぶしとしかいえない仕事に費やして満足させることもある。いわば、ただの手すさびだ。でも、そういうときの希望は、とてもささやかで、ほとんど希望というほどでもないので、すぐに飽きて元気がなくなる。総じて言えば、私が満足のいくように気分を使いこなすには、何かを作り上げる、あるいは作っていると実感することが不可欠だ。

人によって配分はいろいろだろうが、人間の生活というものは、すべて、この二つの気分から成り立っているのではないか。だからこそ、人間はいつの時代も、ある程度の手間をかけて、芸術を実践し、愛《いと》おしんできたのではないだろうか。

そうでなければ、芸術に手を出すはずがない。そうでなければ、生きるために必要な労働だけで済ませて、わざわざ余分な仕事はしないだろう。芸術は、楽しみのためになされてきたに違いない。そもそも、かなり複雑な文明においてだけ存在した現象だが、芸術作品を作るためだけに、人間を生かしておくということすらあったのだから。他方、歴史に痕跡を残している人間はみな、芸術実践の証しを残している。

芸術作品の目的は、常に、それを鑑賞できる感覚を持つ人間を喜ばせようとしている——これを否定する人はいないだろう。芸術は、その品物によって幸福になるべき誰かのために作られた。それを見て、怠惰な気分あるいは休養の時間が面白くなり、そういう気分のときに忍びこみがちな空しさは失せ、満ち足りた瞑想、あるいは、夢想であれなんであれ、そういう時間が取って代わる。そして人は、すぐには、仕事や活動のエネルギッシュな気分に引きこまれずに済み、愉快で上質な時間を過ごせる。

だから、不安な気持ちを落ち着かせるのは、明らかに芸術の本質的目的の一つだと言っていい。これ以上の人生の楽しみは、他にはほとんどない。

私の知るかぎりで言うと、才能ある現代人で、不安で落ち着かないという以外にはとくに欠点もなく、ほかに不幸せの要素もない人がいる。だが、これだけで充分破壊力があるのだ。テニソンの詩で言われる「リュート[※1]の小さなひび」のようなものだ。情動不安は人を惨めにし、社会人として問題を起こさせる。

※1　16～17世紀の頃に流行した弦楽器。

「芸術を実践するなど愚行」か？

さて、これが芸術の最も大事な役目の一つだとしたら（皆さんも賛成してくれると思うが）、次の問題は、その実現のために何を代償にしなければならないのかである。

まず、先に述べたように、芸術の実践は人類として追加の労働をすることだろう（もっとも、長期的にはそうではなくなると、私は思っているが）。だが、そうだとしたら、それは、余分な苦痛も増やしたのだろうか。この問いに、即座に「そうだ」と答える人も、常に存在してきた。芸術など見苦しい愚行だと軽蔑し、芸術を嫌う人たちだ。こういう人には2種類ある。

一つのグループは、禁欲主義の宗教者だ。彼らにとって、芸術など、世俗の足手まといでしかない。人間は、来世で、自分ひとりが幸せになるか、それとも惨めになるかだけを念じていればいいというわけだ。ひと言で言えば、こういう人たちは、芸術が世俗の幸せを増やすということで、芸術を嫌っている。

もう一つのグループは、彼らなりの理性的観点から、生活の苦しさを見ている人たちだ。彼らは、芸術が苦しい労働を増加させ、奴隷制を強化するものだと考えて、芸術を軽蔑している。[※1] 仮にそうだとしても、「休養をより楽しくするために、あえて余分な労働をおこなう」ことに価値がないのか、という問題は残ると私は思う。もっとも、これは、とりあえず、人間の平等が守られているとしたらの話だが。

私は、芸術の実践が辛い労働を増すとは考えない。それどころか、そうだとしたら、そもそも芸術など起

※1　モリスが当時のどういうグループを想定しているのかはわからないが、いろんな色合いのあった当時の社会主義者のなかに、そういうグループがいたのかもしれない。

こらなかっただろうし、萌芽的な文明しかなかった時代の芸術が残っているはずもない。言いかえれば、芸術は、決して外的強制の結果ではなかった。芸術を生み出す労働は自発的なものだ。芸術を生み出す労働は、その労働そのものがやりたいからなされており、また同時に、それを使う人が喜んでくれるだろうと希望するからなされるとも言える。

あるいは、こう言ってもいい。この余分な労働は（余分になされた場合だが）、何か有益な物を作り出すために費やすことで、その活動的気分を満足させているのだ。それゆえ、その仕事のあいだずっと、具体的な希望が労働者の胸に息づいている。そして、絶対的で直接的な喜びが内包された労働をおこなっているという意味でも、活動的気分は報われている。

おそらく、芸術志向のない人に理解してもらうのは難しいだろうが、巧みな職人が思うように工芸作品を作っているときは、常にはっきりした感覚的喜びを感じているものなのだ。その喜びは、個性を発揮して、自由に作業ができる度合いが高ければ高いほど、増大する。

そして、どうかわかってほしいのだが、この芸術の生産とそれに伴う労働の喜びは、なにも、絵画や彫刻などのような芸術作品に限ったことではない。他のいろんな形での労働すべてのなかにあったし、あるべきなのだ。これがあって初めて、活動的気分は成就される。

人間を幸せにする芸術。だが、現代社会の芸術は？

したがって、芸術の目的は、人間をより幸せにすることにある。休息のときは、余暇が楽しくなり退屈しないように美しく興味深い作品を提供し、労働しているときには、希望と身体的喜びをもたらして、人を幸せにする。

ひとことで言えば、芸術は人間の労働を楽しいものにし、休息を実りあるものにする。だから、本物の芸術は、人類への一点の曇りもない祝福だ。


だが、「本物の」という言葉が規定する範囲は広い。だから、どうか、この芸術の目的についての主張から、現実的な結論を導くことをお許し願いたい。私が言うことは、きっと議論を呼ぶと思う。いや、むしろ呼んだ方が良い。ただ表面的に語るならともかく、芸術を論じるなら、真摯な人間なら誰でも頭に浮かぶはずの社会問題と無関係に語るなんて、まったく無意味なのだ。そもそも芸術というものは、盛んな時であろうと低調な時であろうと、その誠実さにおいても空虚さにおいても、芸術が生まれた社会を表現している。表現していなければならないのだ。


まず言えるのは、物事を広く深く観察している人なら、芸術の現状に対しても、社会の現状に対しても、不満に違いない。近年の、いわゆる芸術の復活現象なるものを承知の上で、なおも、私はそう断言する。むしろ、現代の教養人の一部に見られる、芸術に対する興奮状態こそ、先に述べた後者のグループの失望には根拠となる現実があることを示している。

40年前は、芸術が話題になることは、いまよりずっと少なかったし、実践も少なかった。とくに、いま話題にしなければならない建築芸術などは、そうだった。それ以後、人々は、まるで死人を甦らせるように、芸術立て直しに一生懸命努力してきた。これは、表面的には一定成功している。

だが、そういう意識的な努力にもかかわらず、美を感じ理解できる者にとって、現在よりも40年前のイングランドの生活の方が、まだ耐えられるものだった。さらに、あえてあまり口に出してはいないが、芸術とは何かをよく理解している者にとって自明なのは、このまま進めば、きっと40年後にはいまよりもっと嘆かわしい場所になっているだろうということだ。

40年は経っていないが、30年ほど前に私は初めてルーアン[※1]を訪れた。その頃のルーアンは、まだ中世のような外見を保っていた。美と歴史とロマンスが一体となったルーアンの魅力が、いかに私の胸を鷲づかみにしたか、言葉では言い表せない。言えるのはただ、これまでの人生を振り返っても、最大の喜びの瞬間だったということだ。だが、その喜びは、いまやもう誰も味わうことはできない。世の中から永遠に消えてしまった。

ルーアンを訪れたとき、私はオックスフォード大学の学生だった。ノルマンの中世都市ルーアンと比べれば、オックスフォードは驚嘆するほどでもロマンティックでもないし、一見して中世的でもないが、それでも、あの頃はまだ、かつての愛らしさをかなり残していた。その頃の灰色の街並みの記憶は、私の人生に消し難い影響を与え、喜びを残した。その街並みが、いまどうなったかを思い起こさずにいられるなら、より偉大なままで残るのだが……。

いずれにしても、私にとっては、これはオックスフォードが「学びの場」であるよりも、遥かに大事なことだった。だが、じっさいのところ、誰もこんなことは教えようとしたわけではないし、私もそれを学ぼうとしたのではない。

だが、そのとき以来、こんなにも豊かな教育の都の美とロマンスの守護神は、「高等教育の場」（これが、

※1　フランス・ノルマンジー地方の都市。

不毛な妥協のシステムに従う者がつけた呼び名だ）と自称しているにもかかわらず、その美とロマンスをまったく無視し、商業上緊急に必要だという圧力に屈して保存をあきらめ、破壊しつくす決意をもはや固めたかのようだ。

こうして、この世の喜びがまた一つ、風とともに消えていく。美とロマンスが、またも、正当な理由もないのに愚かにも空しく投げ捨てられていく。

ルーアンとオックスフォードの例を挙げたのは、ただ、この二つが私の胸に刻みこまれているからにすぎない。この文明社会において、あらゆるところで、同様の事態が進行している。芸術の復活のために、少数の人々が粘り強く努力しているにもかかわらず、世界はより醜く、平凡になりつつある。少数者の努力は、明らかに時代の傾向に公然と逆らうものである。教養のない人々の耳には、そういうグループのことなどそもそも届いていないし、大多数の教養人はそんな努力を冗談だと馬鹿にし、うんざりしはじめているしまつだ。

さて、私が提起したように、本物の芸術は世の中への純粋な祝福だという主張が正しいなら、事態はとても深刻だ。なぜなら、一見したところ、世界から芸術が完全に消えてしまいかねないし、そうなれば、私たちはこの素晴らしい恵みを失うことになる。それは、まことにもったいないではないか。

死滅を運命づけられているなら、芸術は痩せ衰えて消え、労働を楽しくし休息を実りあるものとするという目的も忘れ去られてしまう。そうなると、すべての労働はつまらなくなり、休息は実りないものとなるのか？

そうなのだ。芸術が滅びるとしたら、まさしくそうなるのだ。芸術に代わって、何か――現在まだ夢にも想像されていず、名前もついていない何か――が起こらないかぎり、そうなってしまうだろう。

だが、私は、芸術に代わるものがあるなどとは思えない。人間の創意工夫の能力を疑って言うのではない。もっとも、人間の創造力はいまのところ、自分を不幸にする方向にふんだんに発揮されているようだが。

そうではなく、人の胸から湧き上がる泉のような芸術への思いは、死に絶えることはないと思うからだ。と同時に、現在の芸術衰退の原因が容易に見て取れるからだ。

何が芸術を衰退させているのか

なぜ芸術が衰えているのか。私たちは意識的に芸術をあきらめたわけではないし、自由意志であきらめたわけでもない。**無理やり**あきらめさせられたのだ。これを詳しく見るために、機械の適用を例に取ろう。ある程度の芸術的な品物を生産可能にする機械である。

分別のある人間が、機械を利用するのはなぜか。あきらかに省力のためだろう。人間が、その手と**さらに**道具も使ってできることで、機械にもできることがある。たとえば、トウモロコシを粉にする場合、手でひき臼を回す必要はない。少しばかりの水の流れと水車と幾つかの簡単な仕掛けがあれば、完璧に粉を挽ける。そのあいだ、パイプを吹かして考えごとをしてもいいし、ナイフの持ち手に彫刻を施してもいい。

このかぎりでは、機械の使用は間違いなくプラスだ（もちろん、これは人々の平等を前提にして論じている）。芸術は損なわれていないし、余暇、あるいは楽しい労働のための時間が得られたわけだ。

おそらく、分別のある自由な人間なら、機械との縁はこれで済ませるだろう。だが、このような分別と自由な精神は期待し過ぎというものだ。だから、もう少し機械発明家のやることを見てみよう。

簡単な布を織らなければならないとしよう。だが、布を織るのは退屈だし、機織り機械でも手織りと同じくらいに織れる。時間を節約し、もっと楽しい仕事に充てるために、機械を使うことにする。そのかわり、ちょっとした模様を施すという手織りの利点はあきらめることにしよう――こうなると、芸術という点からは、純粋なプラスではない。ここで、彼は芸術と労働とを取引し、その場しのぎの代用品を手に入れたわけだ。こうするのが間違いだと言っているわけではない。だが、彼は得もしたが損もしたということになる。

さて、芸術も重んじ分別もある人間なら、これが機械を使う限界だ。ただし、**その人間が自由という前提の上での話だが**。つまり、他人の利益のために、労働を**強制されていない**ということだ。その人が、**平等が保障されている社会**に生きていることが前提だ。さて、これ以上一歩踏みこんで、機械を芸術のために使用するのは、芸術を愛す自由な人間としては、分別があるとは言えない。

誤解を避けるために言っておくが、私がここで言う機械とは近代的機械のことである。まるで生きているように動き、人間は補助でしかない機械を指している。これと違って昔の機械は、改良された道具で、人間を補助しており、人間の手が考えて動いているときのみ機能するものだ。だが、言っておくが、こういう初歩的なレベルの機械ですら、高度で繊細な芸術を生み出す場合には、使うのは止めなければならない。

芸術のために使う機械そのものについては言えば、たまたま、必要な生産物が、機械である程度美しくできることもあるかもしれないが、それ以上のレベルになれば、芸術を愛し分別ある人間は、強制されないかぎり機械は使わない。

たとえば、何か飾りを入れたいと思ったとする。でも機械ではきちんとできないことはわかっていて、かつ時間をかける気もないなら、そもそも、なぜ飾りを入れる必要がある？　特定の人間（あるいは人間集団）が強制しないかぎり、望まないものを作るために、自分の休憩時間を減らすはずがない。だから、飾りなしのままいくか、それとも、本物の装飾のために休養時間を少し減らすかだ。

それなら、それは本当に飾りを施したいという気持ちの表れだし、手間をかける値打ちがある。この場合、彼の労働は単に面倒なものではなく、活動的気分を満足させる面白くて楽しいものだということだ。

これが、分別のある人間が、強制から免《まぬが》れている場合に取る行動だ。でも、自由でなければ、行動はまったく異なる。平均的人間にとって嫌な仕事なので機械にやらせるとか、人間にもできるが機械にもできるからやらせる――というレベルは、とっくに超えてしまった。そして、なんらかの製品が引っ張りだこになるたびに、新しい機械が発明されるだろうと本能的に予期するようになる。

これでは、人間は機械の奴隷だ。新しい機械は必ず発明され、発明されたら、人間が機械を使うのではなく必ず機械に使われる。機械が好きか嫌いかなど、問題外となる。

労働者が産業システムの奴隷になっている

しかし、なぜ、人は機械の奴隷になってしまうのだろうか。それは、そもそも、その人が、機械の発明を必要とするシステムの奴隷だからだ。

このように、議論を進めていくと、身分の平等という前提を捨てざるを得なくなる。しかも、考えてみてほしい。ある意味で私たちはすべて機械の奴隷だが、しかし、そのなかでも特定の人間は、比喩でもなんでもなく、文字通り機械の直接の奴隷となっている。そして、芸術の大半は、その人たち、つまり労働者の肩にかかっているのだ。

労働者を劣等な階級として固定するシステムの下では、労働者は必然的に自分自身が機械となるか、あるいは機械の召使いとなるのだ。いずれの場合にも、自分が生産する仕事になんの興味を持つこともない。雇用主にとっては、労働者が労働者であるかぎり、作業場や工場の機械装置の一部でしかない。労働者自身にとっては、労働者とは財産を持たないプロレタリアであり、働くためだけの人生を生きるために働いている人間だ。職人としての側面、自分自身の意志で物を作り出す制作者としての側面はもはや尽き果ててしまった。

たとえ感傷的だと非難されようとも、これが現実だから、こう言うしかない。芸術的であるべき物を生産すべき労働が重荷となり、奴隷の労働となっているから、こう言うのだ。せめて私は、そんな労働では芸術は生み出せないことを大いに喜ぶしかない。そんな労働で生まれるものは、殺風景で実用一点張りの品か、馬鹿馬鹿しいくらいの偽物だ。

だが、果たして、これは単なる感傷と言えるのか。むしろ、産業奴隷制と芸術の劣悪化のつながりを見抜いた私たちは、芸術の未来に希望を寄せることもまた学んだと言えるのではないか。なぜなら、人間が軛《くびき》を振りほどく日が、きっと来るからだ。博打のような市場の恣意的強制を拒否して、希望のない終わりなき労働への命の浪費を止めさせる日が、きっと来るからだ。

その日が来さえすれば、労働者は自由になり、彼らの美と想像の本能も自由に解き放たれ、必要な芸術品を作り出すだろう。過去の芸術は、この商業時代にかろうじて残る哀れな芸術の残骸を超える質があるが、未来の芸術は、それをも遥かに上回るかもしれない。そんなことはないと言える人など、どこにいるだろう？

中世の略奪と現代の略奪の違いは

このテーマについて、よく出される反対意見について、少し述べておこう。

よく言われるのはこういう意見だ――中世の芸術の喪失を嘆いているが（確かに、私は嘆いている）、それを生産した者は自由ではなかったじゃないか。彼らは、農奴か、あるいは、交易の規制という厚い壁に囲まれたギルドの職人ではないか。なんの政治的権利もなく、ギルドの親方や貴族階級に惨めに搾取されていたではないか――。

確かに、中世の抑圧と暴力は時代の芸術に影響しているし、その欠点は見て取れることは認めよう。芸術が一定の方向に抑えこまれていたことは疑いがない。だからこそ、過去の抑圧を振るい落としたように、現在の圧政を断ち切ったあかつきには、昔の暴力の時代を超えた真に自由な時代の芸術が湧き起こるだろう、と私は主張するのだ。

しかし、また、いま残っている惨めな断片は個々人の空しい闘いの結果であって、懐古的で悲観的だけれども、あの時代にも、社会的で有機的で希望に満ちた進歩的芸術が存在した可能性はあった、と私は言いたい。

あの抑圧の時代に、希望に満ちた芸術が可能だったのは、中世の抑圧の手段はあまりにもあからさまで、職人の仕事にとって外的なものだったからである。中世には、明らかに職人から略奪する法律や慣行があったし、まるで白昼強盗のような暴力が存在した。だが、ひと言で言えば、今日の産業時代の生産における搾取方法は、「下層階級」から盗むというやり方ではなく、いまや、その栄光ある職業の内部に搾取が基本的に組みこまれてしまっているのだ。

中世の職人は、仕事においては自由だった。だから、できるかぎり楽しんで仕事をした。作ったすべてのものが美しいのは、それが苦痛からではなく、喜びのなかから生まれたからだ。大聖堂からお粥の椀に至るまで、作り出されたものはすべて、人間の希望と思想を体現する豊かな宝物だ。

中世の工芸職人に一番失礼な言い方、そして、現代の労働者（彼らは人間ではなく「手」として数えられている）[※1]に一番丁寧な言い方で表現して見よう。14世紀の哀れな男たちの場合、労働の価値は無いに等しいほど低かったので、時間をいくらでも使って自分や他人を楽しませることができた。他方、きつく絞りあげられている現代の職工の1秒は、あくなき利益追求という重みで一杯なので、芸術などに時間を浪費することは許されない。現在の体制は、労働者に芸術的作品を生み出すことなど許さない。そんなことを許す余裕はないのだ。

※1　じっさい、handには、職人、作業者という意味もある。

それで、奇妙な現象が生じつつある。現在、紳士淑女の階級が存在する。彼らは大変洗練されていて――もっとも、一般に思われるほど、知識があるわけではないが――、この洗練された階級のなかには、美とそれにまつわるもの（つまり芸術）を熱愛している人が大勢いて、犠牲もいとわず手に入れようとする。おまけに、それを導いているのは卓越した技と知性を持つ芸術家で、彼らは全体として品物を求める大きな集団を構成している。

それでも作品は供給されない。だが、この熱心に芸術を追い求める集団は、貧乏でも無力でもない。無知な漁夫や農夫でもなく、半狂乱の僧でも、おつむの弱いサンキュロット[※1]でもなんでもない。つまり、彼らが必要だと言えば、世界は揺れ動いてきたし、これからもそうなるだろう。彼らこそ支配階級であり、人類の主人だ。自らは労働せずに暮らしていけて、欲望実現の計画を立てる時間ならいくらでも持っている。

しかし、彼らがいくら欲しがっても、芸術を手に入れることはできない。世界中を必死になって飛び回り、イタリアの惨めな農夫や、腹を空かせた都市プロレタリアのみすぼらしい暮らしを見て感傷にふけろうとしても、もはや、現代の田舎や都市スラムの惨めな住民から絵のような美しさは消えてしまった。まったく、どこに行こうと、絵にしたいような現実はほとんど残っていない。そして、わずかな残滓ですら、工場主の要求とみすぼらしい彼らの労働者部隊を前にして、急速に色あせ、過ぎ去った過去の復元に熱狂する考古学者の目前で霧散している。

もうすぐ何もなくなり、残るのはただ、横たわる過去の夢と、美術館やギャラリーの哀れな残骸と、慎重に耽美的に守られた居間の内装だけだ。そんなものは、まったく嘘っぽく馬鹿げていて、そこで繰り広げら

※1　フランス革命期の都市の小ブルジョアジー。転じて、一般に過激な共和主義者。

れた腐敗生活を物語る証人でしかない。それは、あまりにも萎《しな》びていてケチ臭く、卑怯で、人間の自然な欲望を慎むというよりも、隠ぺいし無視してきた。上品に隠すことさえできれば、欲深い道楽や耽溺は許されると思っているのだ。

だから、芸術は去ってしまった。もはや、中世の建物のように、その伝統に沿って「復原」することはできない。金持ちの教養階級は手に入れられると思うかもしれないし、間違いなくそう思う人は多いだろうが、手に入れることはできない。

なぜか？　金持ちに芸術を与えることができる人々が、ほかならぬ金持ちから、そうできないようにされているからだ。ひと言で言えば、芸術と私たちのあいだに奴隷制度が横たわっているからだ。

上っ面だけでは、まがいものの芸術が生まれるのみ

さて、これまで述べてきたように、芸術の目的とは、労働にかけられた呪いを破壊することであり、それを実現するには、労働、つまり活動への衝動を楽しく満足させるようにすることだ。エネルギーを発揮するにふさわしい何かを生産する希望を、労働に与えることだ。

上っ面だけのものになってしまった芸術を追い求めて努力しても、芸術を手に入れることはできない。そんなことをしても、まがい物しか手に入らない。単なる芸術の名残でしかないなら、いっそ、名残としての運命を辿るに任せて、私たちはできることなら実質を手に入れるように努力する――それが、残された道か

もしれない。

芸術のどの面かにはあまりとらわれずに、先に述べた芸術の目的をともかく実現しようとするなら、最後には望むものを手にできると、私自身は思っている。それが芸術と呼ばれるかどうかはともかく、少なくとも人生であり暮らしであるだろう。結局のところ、それが私たちの求めていることではないか。

そこから、目に見える新しい芸術の壮麗な美へとつながっていくかもしれない。つまり、過去の建築にある興味深い不完全さや欠陥から解き放たれ、さまざまな色合いの荘厳さに満ちた建築、さらに、中世の芸術が獲得した美と現代芸術が求めようとしたリアリズムが統一された絵画、また、ギリシャの美とルネッサンスの表現を統一した、未発見の第三の質とでもいうものに満ちた彫刻の誕生だ。輝くばかりに生き生きした男女の像であり、それ自体が芸術作品であると同時に、本物の彫刻がすべてそうであるように、建物の装飾としてもふさわしいものだ。

こうしたことがすべて実現されるかもしれない。それとも、行く先は砂漠で、芸術は私たちの時代で死に絶えるかもしれない。あるいは、過去の栄光を完璧に忘れ去った世界で、弱々しく細々と生き延びようとしているかもしれない。

芸術の現在が現在なのだから、どんな運命が待ち受けているかどうかなどは、私には大した問題だとは思えない。各々が、訪れる未来についてなんらかの望みを捨てないでいるかぎり、それでいい。なぜなら、芸術以外の問題でもそうだが、もはや、革命以外に希望は見出せないからだ。古い芸術はもう繁殖力を失い、優雅で詩的な後悔以外は何も生み出しはしない。実を結ばぬ花は死ぬしかない。そしていまや問題は、いかに死ぬかなのだ。希望を**持ちつつ**死ぬのか、それとも希望も**持たずに**死ぬのかだ。

美を破壊しつくした「商業上の利害」

たとえば、あのルーアンはなぜ破壊されたのか。優雅で悲しき詩情に満ちていた私のオックスフォードは、なぜ破壊されたのか。人々に恩恵をもたらすために消え去ったのか。知的な変化や新しい幸せを生み出すために、ゆっくり道を譲ったのか。それとも、いわば、何か巨大なものが誕生するときに起こりがちな悲劇に仰天して、崩れ落ちたのか。

そうではない。あの美を一掃したのは、ダイナマイトでも右翼のファラン党員でもない。博愛主義者や社会主義者が破壊したのでもない。同調者やアナーキストが破壊したわけでもない。

そうではなく、売り飛ばされたのだ。しかも、まったくの安値で。生活や幸せの何たるかを知らない馬鹿者、自分がそれを味わわないだけでなく、他人にも味わわせない馬鹿者の、欲と無能力のゆえに、台無しにされたのだ。

だからこそ、あの美の死滅がこんなにも悔しいのだ。これがもし、人々の新しい生活と幸福の代価となったのなら、分別も感情もある者は損失を悔んだりしない。だが、そうではない。過去もそうだったように、現に、美を破壊しつくした化け物のために奮闘している人々がいるではないか。その化け物の名前こそ、商業的利益だ。

繰り返すが、事態がこのままずっと続くなら、本物の芸術は、最後のひとかけらまでこの化け物の手に落ちる。もっとも、まがいものの芸術は残るかもしれない。ご立派な愛好家の紳士淑女が、下からなんの支えがなくても続けていかれるだろうから。遠慮なく言わせてもらえば、本物ではなく、その饒舌な亡霊が、芸術愛好家を自認する人たちの多くをさぞ満足させることだろう。

とはいえ、このまま事態が長引けば、芸術は、ついにはただの笑いものになって朽ちていくことは容易に見通せる。つまり、芸術が紳士淑女と呼ばれる人たちの慰みものであり続けるなら、そうなるだろう。

ただ、私自身は、そんな深みに落ちこむほど事態が長く続くと思わない。とはいえ、もちろん、労働者が解放され、生活条件の実質的平等をもたらす社会基盤の変革が実現すれば、先に述べたような素晴らしい芸術新生が短期間で訪れる——とまで言えば、それは偽善になる。だが、それでも私は、革命が、私たちの言うところの芸術を手つかずのままにしておくとは思わない。そもそも革命の目的には、芸術の目的、つまり呪われた労働の廃止が含まれているのだから。

社会が変わればどうなるか

革命後の社会で起こるのは、おそらく、次のようなことではないか。大多数の人々が、本当の余暇を充分に獲得し、生活の楽しさを噛みしめられるようになるまでは、労働軽減のための機械は発達し続けるだろう。じっさい、機械の進化で人間が自然をコントロールできるようになり、十二分に働かなければ餓死という罰が待つという（人類に染みついた）恐怖が消え失せるまで、機械は発達する。

その段階に達すれば、間違いなく人々は方向転換し、本当にやりたいことは何かを探し始めるだろう。そしてすぐに、労働を減らせば減らすほど（芸術性の伴わない労働を減らせば減らすほど、という意味だが）、地球は魅力的な住処《すみか》になると気づくだろう。そうして人々はどんどん働く量を減らしていく。そのうち、講演の初めに述べた、いわゆる「活動的気分」が改めて人々の心に湧いてくる。

この頃には、もう、人類が労働の手を緩めたために息を継いだ自然は、昔の美を取り戻し、昔ながらの芸術の物語を人々に語り始めていることだろう。

「人工的に作られた飢餓状態」は、人間がご主人様の利益追求のために働いているからもたらされたもので、私たちは、現在それを当然のように思っているが、そんなものはとっくに消え失せ、人々は自由にやりたい仕事をしている。手仕事の方が楽しく望ましい場合はすべて、人々は機械を使わない。そして、美が求められるすべての工芸品では、手と頭脳とが直に対話するやり方が求められることだろう。

多くの職業でも、そういうことが起こる。たとえば、農業のように、自発的にエネルギーを費やすのがとても快いものは、人々はその喜びを機械ごときに譲り渡すことなど、夢にも思わなくなるだろう。

こうして、人々は、私たちの時代の間違いに気づくに違いない。現代人は、最初に要求を何倍にも膨れ上がらせたうえで、一人ひとりがその要求を満たす手段や過程に関与するのを、まったく避けようとしている。こういう種類の労働の分業化は、まさに、傲慢さと怠惰な無知のわがままな新形態でしかない。幸せで満ち足りた生活のためには、自然の過程に対する無知よりずっと性質が悪い。ちなみに、自然の過程を私たちは科学と呼んだりするが、昔の人々はそんなことには無意識なままで生活していた。

きっと人々は発見、いや、再発見していくだろう――幸せの真の鍵は、日常生活の詳細すべてに関心を寄せることだということを。それを無視したり、顧みられることもなく骨折り仕事を続ける人たちに手渡してしまうのでなく、芸術に高めることだ。芸術に高めたり、興味深い労働に変えたりすることが不可能な場合、あるいは、機械を使って軽微な労働へと和らげることが不可能な場合は、それは思ったほどの利点がない労働だ。わざわざおこなう価値もなく、止めた方がいいという証しではないか。

これらすべての結果が、「人工的に作られた飢餓状態」を人類が破棄すれば、もたらされると思う。もちろん、前提としては――私はそう前提せずにいられないのだが――、歴史の端緒から、人類を突き動かしてきた芸術実践という衝動が、私たちの深部でなおも燃えたぎっているとしての話だ。

希望を失った人類はこのまま堂々めぐりを続けるのか？

このようにして、このようにしてのみ、芸術の新生が可能だ。必ずそうなる。それには時間がかかると、皆さんは言うかもしれない。そうだろう。しかも、皆さんが思うよりずっと長くかかるかもしれない。というのは、私がいままで語ってきたのは、事態の社会主義的あるいは楽観的見解だからだ。ここで、もっと悲観的に考えることもできる。

たとえば、「人工的に作り出された飢餓状態」――あるいは資本主義――に対して現在始まりつつある反抗が、消えてしまうかもしれない。その結果、社会の奴隷たる労働者階級は、さらに貶《おとし》められていく。圧倒的な力の前に彼らは闘おうとしない。だが、いつも自然が人類の存続のために気を配ってくれ、自然によって植えつけられた命への愛があるゆえに、彼らは、すべてを耐え忍ぶことを学ぶだろう。

飢餓も、過重な労働も、汚らしさも、無知も、残虐も、すべてを耐え忍ぶ。ああ、いまでも充分すぎるぐらい耐えているのだが！　大事な人生と生計を得る苦さを危険にさらすくらいなら、耐える方を取る。そして、希望の光も人間らしい輝きも、彼らから消え失せてしまう。

もちろん、彼らの主人もましな状況にいるとは言えない。人の住めない砂漠以外は、地球上はどこも醜さで覆われる。芸術は完全に死に絶えた。手工芸だけでなく文学も同様だ。文学は、すでに急速にそうなりつつあるが、計算高い愚劣さと情熱なき創意を書き連ねただけのものになってしまう。科学は、さらにいっそう一面的で不完全なものとなり、饒舌で役立たずになる。そして、ついには迷信の山に埋もれてしまい、それと比べれば、昔の神学の方がまったく合理的で啓蒙的に見える始末だ。

すべてがますます低俗になり、何年も、何世紀もかけて人類が費やしてきた希望実現のための英雄的闘いなどまったく忘れ去られ、人間は、なんとも表現のしようのない存在になり果てる。希望を持たず、欲望もなく、生気もない存在だ。

こうした状態からの、救いというものはないのだろうか？　あるかもしれない。いくつもの恐ろしい激動を経たのちに、人間は、健康的な動物性を獲得することを学び、それなりの動物から原始人、原始人から未開人へと、しだいに成長するかもしれない。そして何千年も経てば、現在では失ってしまった芸術をふたたび実践し始めるかもしれない。ニュージーランドにあるような編みこみ模様を彫り始めたり、さすらう前史的人間のように、きれいに洗った動物の肩甲骨をひっかいて動物の絵を描き始めたりするかもしれない。

どちらにしても、悲観的見解――「人工的飢餓」への抵抗は成功しないという見解――に基づけば、私たちは足を引きずり、終わることのない堂々めぐりを繰り返すことになる。何かの偶然、予測できない天の配剤で、私たち全員が最期を迎えないかぎり、それは続くわけだ。

私はこうした悲観主義を信じない。だからといって、人類が進歩するか退化するかは、すべて私たちの意志にかかっていると思っているわけでもない。社会主義的な考え方、つまり楽観主義に惹きつけられる人々がいる以上、勝利の希望はあると私は結論する。多くの個人が必死に努力しているという現実からも、彼らを突き動かす力が見て取れる。

だから、「芸術の目的」は実現されると信ずる。もちろん、私たちが「人工的飢餓」の圧政の下で嘆いているかぎりは、実現することはない。

芸術を特別に大事に思っているであろう皆さんに、もう一度警告しておきたい。もはや枯死した芸術の外側だけをいじって、なんとか生き返らせようと思っても何にもならない。皆さんが求めるべきは、**芸術それ自体**ではなく、むしろ**芸術の目的**なのだ。

その探求の過程で、少なくとも芸術についてこれほど思い入れており、ごまかしの芸術は耐えられないがゆえに、取り巻く世界が空虚で寒々としていると思うこともあるだろう。

最悪の事態は、現下の悪を耐え忍ぶことだ

いずれにせよ、私と一緒に考えてみてほしい。起こりうる最悪の事態は、現に見聞きしている悪をおとな

しく耐え忍ぶことではないだろうか。どんな困難も混乱も、それよりはましだ。再建のために必要な破壊は、冷静に受け止めるべきだろう。

国家でも教会でも家庭でも、どこにおいても、圧政など耐え忍ばないと決意すべきだ。毅然として虚偽を拒否し、恐怖でひるんだりしてはならない。もっとも、圧政も虚偽も恐怖も、仮面をかぶって私たちの前に現れるかもしれない。敬虔な信心や、義務や、愛情、あるいは絶好のチャンスや善人を装って、親切な言葉や、賢明な判断という体裁をとって、現れるかもしれない。この世の過酷さや不誠実さや不正は、当然の帰結を招き、私たちの存在も生活もそれに巻きこまれることだろう。

だが、それらの厄災に対して昔から培ってきた抵抗の成果も、私たちは受け継いでいる。だから、一人ひとりが、その伝統を公平に分担するようにしようではないか。

たとえ、この行為が何も生み出さないとしても、少なくとも、勇気と希望はもたらしてくれる。つまり、生きているかぎり真摯に生きるということだ。それこそが、何よりも芸術の目的ではないか。

8

未来の社会

The Society of the Future

1887年11月
社会主義者同盟（the Socialist League）ハマースミス支部で、最初に講演私たち社会主義者は、社会変革のための要求は、最低限のことがら（独占の廃止、生産手段の共有）を上げるだけで充分だと考える。それから先は、未来社会が自ら進めていくに違いないからだ。

それでも、未来社会について想像せずにはいられない。この想像、希望、未来への夢の数々こそが、多くの人を社会主義者にさせた。科学や、政治経済や、冷静な理性だけでは動かなかった人を動かした。

未来社会に生まれ変わることができたら、何を欲するか。私の未来像のなかには、皆さんが変わっていると思うこともあるに違いない。

その社会では、金持ちや貧乏人という言葉は意味を持たない。素朴な暮らしを送るという願いを自覚した社会だ。共同体は多様性に満ち、相互対立とも無縁である。人類は、美を美それ自体のために創造する。仲間を奴隷化するために利用したりしない。本物の生き生きした芸術を創造できるのは、空論家ではなく、働く人だけだ。

まずは独占を廃止し、労働者が生産手段を使うこと

社会の変革――労働者を解放し、それをとおして新社会をもたらす変革だ――のための要求を主張する場合、私たち社会主義者は、未来社会が自らを形づくっていくのに必要な、最低限のことがらを上げるだけで、充分だと考えている。それから先は、その社会が自ら進めていくに違いないだろうからだ。未来のために、細部にわたるユートピア的な計画を提案するより、その方がいいと考えている。

まず、独占を廃止しなければならない。そして、富を生み出す生産手段は、それを使う者全員に使用する機会を与えるべきだ。もちろん、創造した富の大半を、無責任な生産手段の所有者に差し出すように強制されるなど、ありえない。

私たちは、この初歩的な誠実さが、質の高い再生能力を持つと信じている。こうして自由になった世界は、新しい進歩のサイクルに入るに違いない。

この新たな発展にどういう問題が伴おうとも、私たちは、落ち着いてそれに直面する心構えがある。何があるにせよ、ほとんど欠陥ばかりになり果てた現在のシステム、それを取り除くだけでも大きな前進だと確信しているからだ。

疲弊し欠陥に満ちた生産システムを終息させても、世界が獲得した進歩を破壊することにはならない。むしろ逆に、少数の人間だけに進歩を楽しませるのでなく、人類全体が楽しめるようにするだけだ。

つまり、世界の現状を考えれば、改革者がなすべきはあれやこれやの予言ではなく、行動だという判断に達した。すでに手元にある手段を使って、眼の前にある抑圧という悪を正すのが私たちの任務だ。その努力

の結果として勝ち得た自由を守り抜き行使する役目は、来たるべき世代に委ねなければならない。

未来社会はどうなるかと想像せずにいられない

さて、そうだとしても、近未来において、新社会がどう発展するかの方向性は、ある程度はわかっている。過去の歴史の進化から、想定できるからだ。

世界は、これまで歩んだ道を後戻りすることはできないし、新しい社会のなかで人間も速やかに心身を発達させるだろう。人々は、直前の世代が感じたよりずっと強く、社会への責任を感じるだろうし、生産と生活全般において協力する必要性も、いままでよりずっと強く意識することだろう。

労働者の解放によって比較的容易な暮らしが可能になり、すべての人が思索のためのゆとりと時間を獲得する。これまでのような犯罪の衝動もなくなるから、犯罪自体が珍しくなるだろう。暮らしやすくなり、それに教育も加われば、心身の病いから解放されることにつながるだろう。

要するに、世界は、すべての物質的生活条件においてそれ相応の前進がなければ、正義と、誠実さと、思いやりへの一歩を踏み出せない。

こういう、一定の知識があるからこそ、私たちは社会を根本から変革しようと声を上げてきた。だが、それをも越えた多くの未知の分野についても、私たちは想像を働かさずにはいられない。

そして、この想像、この希望、もっと言えば、未来への夢の数々こそが、多くの人を動かして社会主義者にさせたのだ。科学や、政治経済や、自然淘汰説から導き出された、冷静な理性だけでは動かなかった人を動かしたのだ。
これこそが、健全な精神の持ち主に希望が湧く根拠を学ぼうと思わせ、難しい勉強でも取り組んでいく勇気を与えてくれるのだ。算数を学ぶアラブの王様も言ったように、これらがなければ思索は退屈すぎる。

ところで、他の場合と同様に、社会革命家が論じなければならないタイプには二つある。分析的タイプと構築的タイプだ。

私自身は後者なので、後者のタイプが陥りやすい危険や、さらには失うであろう喜びについて充分に認識している。そして、行動を熱望するあまりに足をすくわれて方向を見失ったとき、分析的タイプの人々が、進む方向を正してくれることを、当然ありがたく思っている。

正直なところ、分析的タイプが、お気に入りの理論を完璧にしようとうっとりと思索する至福の状態は、少々羨《うらや》ましいほどだ。私たちのように、世界の現実を注眼する際に理性の力よりも眼を使う者たちにとっては、ほとんど、あるいは、まったく味わうことのない幸福だろう。

しかしながら、分析型の人たちが、私たちの本能的洞察を「夢想」と呼ぶとなると（じっさいそう呼んでいるが）、話は少しやっかいだ。同士間の友好的な論戦においても、彼らは、ほとんどいつでも自分たちが打ち負かしている――少なくとも彼らの判断では――と思っているようなので、二つのタイプをどう呼ぶかは、慎重にしなければならない。

だから、少なくともいまのところは、後者のタイプをビジョナリー（洞察力・想像力を持った人）、あるいは、（「理論的」との対比で）**実践的な人**というだけにしておきたい。

そして最初に認めておかなければならないのは、ビジョナリーあるいは実践的な人々の未来像は、互いにそれぞれ著しく異なっているということだ。しかも、お互いの未来像について、このタイプは相互にあまり興味を持っていない。

ところが分析型の人たちは、互いの理論にほとんど違いがないにもかかわらず、それぞれの理論に非常な興味を抱いている。ある意味、肉屋が牡牛に対して、どう解体するかと興味を持つかのようなのだ。

社会主義とは人々を幸福にすること

だから私は、私の未来像を他の同志の未来像と比べるつもりはまったくない。ただ、私自身のビジョンのいくつかを、お話しするだけだ。ビジョナリーな人は、好きに自分の像と比較してくれればいいし、分析型才能に恵まれた人は、私を気にせず、批判してくれればいい。

というわけで、これから、皆さんに、正直な告白をひとしきり話そうと思う。未来社会に生まれ変わることができたら、何を欲しているかについてである。その未来像のなかには、皆さんからすれば、きっと、ずいぶん変わっていると思うこともあるに違いない。

でも、皆さんが奇妙だと思うとしたら、そう思われる理由の一つは、悲しく屈辱的なものだ。というのは、私はずっと裕福な階級に属してきており、贅沢のなかに育った。だから、当然にも、私が未来に必要だと思うことは、ほとんどの皆さんよりずっと多くなる。

だから、私が未来像のなかで真っ先に掲げたいのは、そういう（貧富の差からくる）食い違い自体が不可能となる日の到来だ。この願いは、私の他の望み全体を彩る願いでもある。

私が願うのは、たとえ辞書に貧富という言葉が残っていたとしても、その言葉が意味を持たなくなる日が来ることだ。そうなれば、分析型のりっぱな人たちがいくら多くの時間を費やし、言葉を尽くして説明しても、未来の人にはその意味を理解させることができず、せいぜい、わかったふりをしてくれるのが関の山だろう。

さて、まず初めに、社会主義の実現とは人間を幸せにするために役立つことだと言いたい。では、何が人々を幸福にするか？　それは、自由で充実した生活であり、意識的生活である。あるいは、楽しくエネルギーを発揮し、エネルギーの消費によって必要となる休息を楽しむことだと言ってもいい。これが、すべての人にとっての幸福であり、最も活動的な人から怠惰な人まで、あらゆる能力・気質の人を網羅して言えることだと思う。

だから、どんなもっともらしい見かけを取っていても、この暮らしの自由と充実を妨げるものは、何であれ悪であり、できるだけすばやく取り除くべきだ。当然にも幸せでありたいと望む分別のある人間なら、辛抱すべきことではない。

ところで、ここで私が、非科学的精神を持っていると認めたことがわかるだろう。「人間の自由意志の発揮」を提案しているからだ。最先端の科学者たちは、そんな意志の可能性を否定している。[※1]だが、安心してほしい。私はここで「自由意志と運命論」について立ち入るつもりはない。

私が言いたいのは、ただ、人間が取り巻く環境の産物であるなら――確かにその通りだと思うが――、個々人をその人たらしめる環境を作ることこそ、社会的動物としての人間の、あるいは社会の仕事に違いないということだ。

人間は、自分が生きる環境を創造しなければならないし、創造する。このことを人間に意識させ、賢く創造させるようにしようではないか。

人間的エネルギーの発揮を他人に代行させるシステムが文明だ

では、人間はそうしてきただろうか。取り組んではきたが、よく言っても、そのときどきに、まあまあの成功を収めてきたにすぎない。だが人間は、そのまあまあの成功を自慢に思い、それを**文明**と呼んできた。

文明が善か悪かについては、いろいろな考えの人のあいだで多くの議論があった。わが友バックス[※2]は、大変りっぱな記事のなかで、「より良いことへの第一歩としては、文明は一つの善だが、達成したものとしては悪だ」と述べ、その問題の基礎をはっきり設定した。そういう意味で、私は自分を文明の敵であると宣言したい。

※1　当時の最先端の科学者のなかには、「進化論」を一面的に信奉し、歴史は運命として必然的に進み、人間の意志の入る余地はないと論じる者がいた。モリスはこれを皮肉っている。

※2　アーネスト・ベルフォード・バックス。5ページの注を参照のこと。

いや、これは告白の章であるべきだから、もっと正直に白状しよう。私の社会主義者としての**独特の**基本的動機は、文明への憎悪だ。私の理想の新社会は、文明を破壊しないかぎり満たされない。

というのも、幸せとは気持ちよくエネルギーを発揮し、必要な休息を楽しむことだとすると、バックスが表現した定点を基礎にして見ると、文明は、この二つの善を否定しがちだからだ。そうすることによって、人間を意志のない機械に貶《おとし》めがちだからだ。人間から、しだいに動物としてのすべての機能と、その機能を発揮する喜びを剥奪してしまい、最も初歩的なものしか残さない。

科学が考える未来の理想的人間のイメージは、まるで、自分では制御できない環境によって太らされた、知性的太鼓腹にすぎないように思える。知能はあっても、その人間は、考えたことを他の太っちょの兄弟とコミュニケーションする能力も欠いている。

したがって、私の未来社会の理想は、何よりもまず自由であり、個人的意志を磨くことである。文明はそれを否定し、その存在すら無視している。

人間らしい悩みと責任を避けるために作られた人為的システム、それへの依存——他の人間への依存ではない——を振り払うこと。そして、この意志を内部で燃やし続けるために、何をさておいても、自由で束縛されない動物的本能のままの暮らしを要求する。

禁欲主義を完全に拭い去るよう、強く求める。なまめかしい欲望、陽気な気持ち、食欲、そして眠気などに対して、少しでも引け目を感じるようなら、私たちはろくでもない動物であり、惨めな人間である。

だが、文明は、これらの気分や行為をすべて、恥ずかしいと思うよう**指図《さしず》する**。そして、できるかぎり、それらの欲望を隠すように求め、可能なら、私たちに代わって、召使いなどの他人にそれを整えさせようとする。じっさい、私には、文明とは、特権を持つ少数者のために、人間的エネルギーの発揮を確実に代行するようお膳立てされたシステムとしか思えない。

さて、この禁欲主義を死滅させよという要求は、さらに新たな要求を生み出す。それは、贅沢の死だ。あなたは、これを矛盾だと思うだろうか？　そうではないはずだ。

贅沢とは何なのか。美しい地球での素朴な喜びを、情けなくも不満に思うことではないのか。人間であることをやめた人間、働きもせず、それゆえ休憩すらできない人間の放蕩な欲望を満足させるために、自然の美しさを歪んだ醜さへと変形させているのが、贅沢ではないか。

現代ヨーロッパで、贅沢がいったい何をしたか、挙げてみようか。愉快な緑の野原を、奴隷のあばら家で被い、花や樹木を有害なガスで枯らし、川を下水に変えてしまった。いまや、英国の多くの場所で、庶民は、野原や花がどういうものだったかを忘れてしまい、美しいのは、ごてごて飾りたて空気の汚れた安酒場か、けばけばしく安っぽい劇場だと思っている始末だ。

そして、文明はこれを気にも留めず、むしろ安堵している。おまけに、金持ちは事実上、「これでよい。庶民はもう慣れてしまった。彼らが、豚などの食うモミ殻で腹を満たしているかぎりは、それで充分だ」と考えている。

これは、いったい、なんのためなのか。これでりっぱな絵画が描かれるのか、美しい建物が建てられるのか、良い詩が書かれるのか。とんでもない！　それは、贅沢以前の時代、文明以前の時代になされたことだ。

現代の贅沢が建築したのは、ペルメル通りの紳士のクラブだ。まるで繊細な病身の淑女に仕えるように飾りたてられ《アップホルスター》、立派な口ヒゲの男たちが馬鹿馬鹿しいほどもったいぶって、のんべんだらりと時を過ごす。そして、贅沢なビロードの半ズボンを履いた召使いたちは、紳士が、現実より上等な人間であるかのように仕えるのだ。これ以上言う必要もないだろう。豪勢なクラブこそ、贅沢の見本だ。

のびのびした素朴な暮らしこそ人間的だ

まったく、贅沢は、暮らしの楽しさにとって不倶戴天の敵なのだ。ご覧のとおり、贅沢の問題となると私はつい長々と論じてしまうが、それは、たとえ一瞬でも、労働者諸君に、洒落たクラブを望ましいものであるかのように考えてほしくないからだ。

貧しく不潔な状況で暮らさざるを得ない労働者が、それから離れて、真の人間的喜びのある生活を想像するのはどんなに難しいかはわかっている。それでも私は、皆さんに、未来の良き生活は、こんにち金持ちが送っている生活との共通性などほとんどないと理解してほしい。金にまみれた生活は、彼らの惨めさの裏面にすぎない。それこそが惨めさの根拠なのだから、そんな暮らしは、羨ましいことも望ましいこともまったくないのだ。

社会主義に反対する人たちは、しばしば、社会主義の社会では、どうすれば贅沢品を調達できるのだと言ったりする。はっきり答えよう。そんなものは調達できないし、できなくてけっこうだ。なぜなら、そんなものは欲しくないし、持つ気もないのだから。

じっさい、私たちがすべてみな自由な人間となれば、きっと、そんなことはありえないと思う。自由な人間は、素朴な生活を送り、素朴な楽しみを持つにちがいない。その必然性にいまたじろぐとすれば、それは、私たちがまだ自由な人間ではないからだ。自由人でない私たちの生活は、複雑な依存関係の網に絡み取られており、心細く無力だと感じているからだ。

だが、果たして、素朴さとはどういうことか。ひょっとして皆さんは、私が、黄色レンガで青瓦の家並み、あるいは改良型ピーボディ下宿のような共同住宅を考えていると思っていないだろうか。夕食のベルでいっせいにテーブルに付き、四角に切りそろえたパン一切れが添えられた、スープの白椀の前に座り、デザートには湯沸かしで出した紅茶と、生煮えのライスプディングが出ると思っていないだろうか。

それは違う。それは慈善家の理想かもしれないが、私のではない。はっきり否定するために、もう一度言おう。日常生活の支度を他人に任せれば、そこには生活の楽しみなどない。

それでは駄目だ。どうするのが心地良いかを自分自身で見つけて、それを実行したまえ。同好の士は他にもいる。多くの人が、きっと実現を助けてくれるだろう。そうすれば、自分の特質を伸ばしながら社会生活も広がっていく。

ということで、私の理想は、まず初めに、制約されないのびのびした生活であり、次に、素朴で自然な暮らしだ。

何よりもまず、自由でなければならない。そして、次に、暮らしのすべてに喜びを見出す術《すべ》を、身に付けなければならない。これは絶対必要だ。そもそも、他の人たちも自由なのだから、自分の仕事は自分でやらなければならない。

これは文明の対極にある考えだ。文明社会では厄介な手間は避けろと言う。でも、それは、他の人々に自分の生活を助けさせて初めてできることなのだ。

いいかね、社会主義者は「手間を惜しむな。そしてそれを喜びに変えよ」と言うべきだ。これこそ幸せな生活のカギだと、私はいつも思っている。

政治は姿を消し 人間関係は地位や財産と無縁に

さて、そのカギを使って、未来の閉じられた扉を少し開いてみよう。

もちろん、未来の社会について語る場合、理想的社会と現在とのあいだに存在する、過渡期――それがどういう形になるにせよ――を端折らせてもらっていることを承知しておいてほしい。過渡期は、ひとたび世界の新生を信じ念じたなら、多かれ少なかれ、私たち全員の心に形づくられるにちがいないと思うからだ。

まず、新社会での人々の立場、いわば政治的立場がどういう形態を取るかについて述べよう。

私たちが知っている形での政治的社会は姿を消す。人間と人間の関係は、もはや地位や財産の関係ではなくなる。考慮すべきは、中世のような上下の地位や身分ではなく、現在のような財産でもない。人柄そのものとなるのだ。

国家が強いた契約関係は、高貴な血を尊ぶ慣習と同じく忘却の淵に消えるだろう。そういう人為的側面は、すべて一挙に取り除いてしまおうではないか。そんなものは、発生するとも思えない揉め事を処理する機関を、あたかも必要であるかのように思わせて、そのために暮らしを犠牲にさせるだけだ。

権利が競合したり要求が衝突したりする場合は、それ自体の真価に基づいて解決が図られる。つまり、法的にではなく現実的に処理されるのだ。もちろん、私有財産は権利として存在しない。通常の必需品はなんでも充分あるので、個人間で露骨に物々交換する必要もない。もっとも、売買の商売に首を突っこみたい人など一人もいないだろう。それは、特定の人々のあいだで生まれ、いわば彼らの習慣のようになってしまったわけだが。

現在のような分業はありえない

さて、職業についてだが、明らかに、現在と同じような分業は存在しなくなる。主人の家事雑用を代行する召使い、下水処理、屠殺、郵便配達、靴磨き、結髪などの職業はすべて無くなるだろう。これらの職業は、自主的にやってもいいという気持ちや好みのある人が、やりやすい形態に変えておこなうことにするか、そうでなければ、まったく廃れるに任せるかだ。大量にあった枝葉末節の職業もなくなるだろう。売らんがために布に模様をつけたり、水差しの取っ手をいじったりせず、ただ自分や人を楽しませるために、美しく作るようになる。生産される品がどれほど不器用で平凡なものであろうとも、それは、一定の使用目的を果たすためにそうなっているのであり、売るためではない。奴隷はもういないから、奴隷以外は誰も使わないような品物はもはや必要ではない。

機械は、特権をなくすための労働者の取り組みに、おそらく大いに役に立つだろう。だが、機械使用はかなり縮小されるに違いない。いくつかの貴重な機械は大幅に改善されるだろうが、あまり重要ではない大量の機械は使用されなくなってしまうだろう。

大半の機械について言えば、人々が使用することは可能だが、あまり使いたいと思わないかもしれない。たとえば、旅行に行きたいと思っても、現在のように――現在は、荷物があるために鉄道を使っているが――必ずしも鉄道を使わなければならないということはない。個人の好みの赴くままに、馬車に揺られてもいいし、ロバの背中に乗って旅行してもいい。

現代の人口集中は、人々にコミュニケーションの機会を与え、労働者に連帯感を生み出させる**という意味で**、目的を果たしたが、それもまた終わりを告げる。巨大な工業地帯は解体され、自然は、人間の無分別な欲望と愚かな暴虐行為が残した恐ろしい傷跡を癒やしてくれるだろう。なぜなら、去年よりほんのわずかでも安い綿布を生産すべきなどということは、もはや緊急の必要性でもなんでもなくなるからだ。

清潔な家と緑の草原を得るために、1日に半時間余分に働くかどうか、それを選択するのは私たち自身となるのだ。もともと作る値打ちもないような品物のために、市場がちょっとした気まぐれを起こしたために、何千人もの人が飢えたり、惨めな生活に落ちたりするようなことは、もはや起こらない。

もちろん（もっと早く言っておくべきだったが）、装飾を施した品はたくさん存在する。人々は余暇の時間を使って自分たちで作る。そういうものは簡単にできるからだ。何も本物の芸術品を作るというわけではないのだから。間に合わせ品を製造する機械製作ほどの創意工夫が必要なわけではないのだから。

そして、私たちが住む、恐ろしい汚泥の山のような偽善とおべっかの中心地（つまり、ロンドンだ）は、もっと簡単に変えられるだろう。かつてロンドンと呼ばれていた非常識な愚行の町に代わって、テムズ川の両岸には心地良い村々が生まれることだろう。

未来の教育は生活を楽しむ可能性を広げる

つづいて、あのカギを使って、未来の教育という扉を開けてみよう。

現在の教育は、まったく、商業のため、政治のための教育だ。誰一人として、人間たるべき教育を受けてはおらず、受けているのは、一部が財産の所有者となり、その他は財産に仕える者となる教育だ。

私はここでも、禁欲主義とは無縁な素朴な生活を基礎にした革命が、影響を及ぼすことを願う。そして、致命的欠陥のある分業システムを、教育の面でも取り除くべきだと思う。

人はみな、水泳、乗馬、海や川での舟の扱いを学ぶべきだ。これらは技ではなく、ただの身体的運動であり、人々の習慣となるべきだ。

そして、基礎的な生活上の技《わざ》としては、大工か、鍛冶仕事を学ぶべきだろうし、多くの人が、馬の蹄鉄の打ち方、羊の毛の刈り方、畑を耕し収穫する方法を修得すべきだろう（自由になれば、人はすぐに、農業に機械を使わなくなると思うからだ）。

それから、料理、パン焼き、裁縫などもあるが、これらは、分別のある人なら誰でも数時間で覚えられることだし、精通しておくべきだ。

もう一度言うが、こうした初歩的技《わざ》は、読み書きと同様に、すべて習慣となっているべきだ。そして、また、思索の技もそうだが、それについて言えば、現在は、私の知るどの学校でも大学でも、教えているとは思えない。

こういう習慣や技を身に付ければ、楽しい暮らしが市民の前途に広がる。どの分野でエネルギーを発揮したいにせよ、教育の面でも、機会の面でも、材料の面でも、共同体がいつでも手を差し伸べてくれるだろう。

私自身は、その市民が何をすべきかを処方するつもりなどない。習慣となった技によって人間の持つ可能性が広がり、それを使いたくなるにちがいない。

そして、暮らしを楽しむ過程は、仲間の市民を犠牲にしてではなく、仲間の利益のために実現されるだろう。ご存知のように現在は、餓死の危機という鞭に尻を叩かれることのないすべての金持ちにとって、行動意欲となっているのは、狭隘《きょうあい》な利益だ。たいていは、ちゃんと活力に満ちた人間が、エネルギーを使わなくてもいい地位を得るという望みだ。つまり、文明社会では、勇猛果敢な努力の栄冠として得るのは、飽き飽きするような退屈な暮らしなのだ。

しかし、物事が社会らしく組織されれば、人間が心身の力を行使して得られることは、きっと多様で広範囲にわたるだろう。また、単に個人的使用のためだからといって、そのために人々が努力の範囲を限定するかもしれない、いや、するだろうなどとは、私はまったく思わない。なぜなら、ついに人々は、自分の人生は自分のものだと認識して、そこからただちに、努力なしの人生なんて**退屈**だという結論に達するだろうからだ。

もちろん、その努力がどの方向に発展するかは、私にはわからない。ただ言えるのは、自分が楽しいとも思わない下劣な仕事をする必要性から解き放たれるのは確かだということだ。そんなものは、文明社会を包囲している呪いである。

人類は視力を取り戻す

だが、私が、一つ、希望的提言をするとしたら（もちろんこれは個人的な希望だが）、おそらく人類は、現在ほとんど失ってしまっている視力を、取り戻すのではないかということだ。

私は、ここで、物理的に不完全な視力の持ち主が増加しているという事実を示唆しているわけではない（これもまた、事実のようだが）。そうではなく、それとも関係して、いまでは多くの人々が、眼をとおして心に印象を刻むのをやめてしまったことを問題にしている。かつては、眼が空想力と想像力の大きな源泉だったにもかかわらず。

もちろん、いまも人々は、階段から転げ落ちないように、あるいはフォークを口ではなく鼻に突っこまないように、眼を使っている。だが、人々が眼を使うのは、たいていそれだけだ。

展覧会やギャラリーへ行ったとき、私は、そこにいる人々の様子を観察する癖がある。大体において、見学者は時間を持て余しており、いろんな展示品の上を眼が虚ろに泳いでいる。そして奇妙なことに、珍しいものや変わったものには少しも惹きつけられない。そういうものは、基本的に眼をとおして心に訴えるのだから、それも当然だろう。ところが、説明のラベルに何か知っていることが書かれていたりすると、彼らは興味を持ち、お互いにひじをつつきあう。

たとえば、一般の人々がナショナル・ギャラリー（国立美術館）に行くと、見たがるのはブレナムのラファエロの絵だ。[※1]その絵はよくできてはいるが、実に退屈な絵だ。少なくとも芸術家でなければ、そう興味を引く絵ではない。それなのに人々が見に行くのは、「ほら、その、例の……」と言われたからなのだ。つまり、絵を持っていた盗人が、[※2]その絵で、国から法外な金額を絞り取ったからなのだ。[※3]

一方、慎み深い微笑みを瞳にかすかに浮かべる、16世紀のデンマークの姫君をホルバインがキャンバスに蘇らせても、あるいは、ファン・ァイクが、14世紀の都市ブリュージュの窓を開けてくれても、ボッティチェリが神学の死滅以前に人の心に生きていた天国を見せてくれても、人々はなんの感激もしない。好奇心をそそられて、「これはいったいどういう絵なのか」と尋ねたりもしない。なぜなら、こうした絵画は、見るために作られたものであり、眼から心に、過去、現在、未来の物語を届けるために描かれたからだ。

あるいはさらに、かつて、サウス・ケンジントン美術館の教育部と呼ばれる（たぶん冗談でだろう）部署が、多少、美術部とごっちゃになっていたとき、あるグループのあとについて、過去の素晴らしい芸術が集められた館内を、めぐったことがある。

彼らの眼は、一度たりとも、どの美術品の上にも留まらなかった。だが、ビーフステーキの成分分析が、ラベルとともにきちんと置かれたガフスケースに出くわすと、すぐに活気づいた。とくになんということもないひとつまみを、食い入るように見つめ、その分析への全面的信頼をみなぎらせた（正直、私には、まっ

※1　ブレナム宮殿にあった、ラファエロの「アンシデイの聖母」。
※2　ブレナム宮殿の第8代マールバラ公のこと。
※3　1885年に7万ポンドでナショナル・ギャラリーに売却されたが、この額はそれまでの最高額と比べて3倍もの高値と言われ、当時、話題になった。

たく共感できない)。まるで、分析者が、道路のほこりや灰を拾って難解な物質の代わりをさせることもなく、馴染みのある対象に光をあてる努力をしたのは、超人的な正直さが必要だったかのようだった。

文学でも同じようなことが起こっているのに気づくだろう。私たちの眼に訴えて強い印象を残す作家たちは、最も「知的な」批評家によって、少なくとも、二流の位置に追いやられている。現代の「真に知的な」人たちは、ホメロスやベオウルフ[※1]やチョーサー[※2]を見過ごして、単に美辞麗句を操る者や、内省の探求者を評価する。そして、ウォルター・スコット[※3]やチャールズ・ディケンズ[※4]のような人生を語る達人を低く扱う。だが、スコットやディケンズは、私たちの感覚に語りかけるのであって、それを道徳的に解釈することなど、ほっておけばいい。

芸術と文学は感覚的で人間的となる

さて、視力の問題を長々と語ってきたが、それは、この問題が、先に批判してきたような、文明社会の太鼓腹の「知的人間」の段階へと進行している、最大の兆候だと思うからだ。

それに、未来の芸術や文学については、特別な要求は必要ないに違いない。健康な身体と、健やかで全面的な感覚の発達、さらに、いっさいの奴隷制を破壊することによって獲得された、当たり前の社会的モラル

※1　8世紀初めの古英語の英雄叙事詩。
※2　14世紀英国の詩人。『カンタベリー物語』が代表作。モリスはそれを自身の出版社「ケルムスコット・プレス」から4年かけて美装本で出版している。
※3　19世紀初頭の代表的詩人、作家。『湖上の美人』、歴史小説『ウェイバリー』『アイバンホー』など著作多数。
※4　19世紀の英国社会を鋭く描いた小説家。モリス一家が大好きな作家でもあった。

とが合わされば、どういう芸術や文学かはともかく、自然に、しかるべき芸術と文学がもたらされると、私は確信している。

ただ、ほんの少しだけ予言させてもらえるなら、芸術も文学も、とくに芸術は、過去の芸術がそうであったように、感覚に直接訴えるものとなるだろう。

中流階級のカップルが、社会にとって意味のないことで苦労する悩みを描いた小説は、もはや手に入らないだろう。そういう文学的宝物の材料は消え失せてしまうからだ。

他方、本物の歴史の物語は、なおも存在するだろうし、現在よりもっと陽気な調子で語られる。きっと、そうに違いない。

それに、健康に成長した人間の感覚にはとても魅力的なものとして、芸術がアピールするに違いないと、私は思う。つまり、文明以前の時代にそうであったように、建築やそれに関連する芸術[※1]が、人々のあいだでふたたび花開くだろう。

文明は、これらの芸術を不可能にした。なぜなら、文明社会の政治と倫理が、薄汚れて混乱した住み心地の悪い世界に私たちを住まわせ、事あるごとに感覚を痛めつけたからだ。そのために感覚が影響を受け、私たちは無意識に感覚を鈍らせざるを得なくなった。

今日、ものの外的な形によく気づく人間が、南ランカシャーやロンドンに住んでいれば、苦痛を感じるに違いない。永遠に続く怒りと苦闘のなかで生活しなければならないからだ。知覚能力を鈍くしなければ気が

※1　モリスにとって建築は絵画や彫刻に勝るとも劣らぬ重要な芸術であり、装飾芸術は建築に不可欠だと考えていた。装飾芸術とは家を建てる技術から、塗装、建具指物、大工、鍛冶屋の仕事、陶芸、ガラス工芸、織物、その他多くの技術を含むと記した。「小芸術」を参照されたい。

狂うか、誰か醜悪な人間を殺して絞首刑になってしまうだろう。そして、そうなればもちろん、しだいに、そういう不便な知覚能力を持たない人々が生まれるようになる。

だが、この不合理な衝動が取り除かれるようになれば、感覚は再び、当たり前でまともな豊かさに満ちて発達し、感覚を使って得られる喜びを表現しようとするだろう。芸術と文学は、すぐに、感覚的で同時に人間的なものとなる。

未来社会は素朴な人間的暮らしを求める

さて、話題があちこちに及んだが、これをまとめあげ、私が生まれ変わって住みたいような社会の全体像について、簡潔に述べることにしよう。

その社会では、「金持ち」や「貧乏人」、あるいは「所有の権利」、「法」または「適法性」、「国籍」という言葉は、意味を持たない。統治されるという意識は、まったくない社会だ。そこでは条件の平等は当然のこととなり、共同体に奉仕したからといって、誰もその見返りに社会を傷つけるような権力を与えられることはない。

それは、素朴な暮らしを送るという願いを自覚した社会である。より人間的で非機械的であるために、これまでに勝ちとった自然制圧の術《すべ》の一部を、あきらめることを意識した社会である。そして、その目的達成のためには、喜んで、何かを犠牲にする。

ここは、小さな共同体に分かれている。その共同体は、適切な社会的倫理の範囲で大いに多様性があるが、「神聖な人種」などという考えは毛嫌いしており、相互対立とも無縁である。

自由に生きようと固く決意しているので、暮らしがシンプルであるだけでなく、かつての奴隷所有者の暮らしほど洗練されていなくても満足しており、基本的に分業は制限されている。男性も（もちろん女性も）自分の仕事をおこない、誰かに代行させたりせず、仕事を楽しむ。

社会的な絆は習慣的かつ本能的に感じられており、決まり切った形で常に表現する必要などない。血縁の家族関係は、共同体や人間同士の関係のなかに溶けこんでしまう。

こういう社会の幸せは、健康な動物である人間が、感性や情熱を自由に発揮することを基礎にして、築かれるだろう。もちろん、その発揮が、他の人を傷つけたり、社会的団結を損なったりしないかぎり、ということだ。誰も人間であることを恥ずかしく思ったりせず、人間らしく成長していくことしか望んでいない。

この自由な健やかさから、知的成長という喜びが生み出されることだろう。まことに愚かにも、文明下の人間はそれを感覚的な暮らしから切り離そうとした。感性を押し殺して、知的発達を美化してきた。人類は美を美のために創造し、知識をそれ自体として追求するだろう。決して仲間を奴隷化するためにではない。そして、いつの間にか、手掛けた最も必要な仕事が、趣きを増し美しくなっていくのを見て報われることだろう。

夏の夜に、羊たちとともにイグサで作られた丘の小屋で横たわる喜びは、立派なコミュニティ・ホールで、壮麗なアーチや、柱や、丸天井や、狭間飾り[※1]に囲まれて過ごす喜びと比べても、なんの遜色もない。あるいは、釣り舟の舵を取り、寄せる波や風が奏でる音を心に刻む者は、人間が作った音楽の美しさにも無感覚ではいられない。本物の生き生きした芸術を創造できるのは働く人だけだ。空論家にはできない。

そしてこの楽しい労働と、それにともなう休息のただなかで、過去の奴隷制の名残りは、すべて地球上から消え失せるだろう。死ぬほどの不安や恐怖に駆り立てられなくなれば、地球を汚物やみすぼらしさで汚《けが》さないようする時間が持てるだろう。本質的ではなかった醜さも、単なる奇怪な強情さが生んだものとともに消え失せるだろう。

カーライルが下劣な教養だと言った「この世はロンドンっ子の悪夢だ」という言葉など、もはや知る人もない。

素朴で幸せな社会は「停滞」か

だが、おそらく皆さんは、こんなに社会が幸せで平和なら、たとえ実現に成功しても、再び腐敗につながるのではないかと考えるかもしれない。確かに、人間が油断し、勇敢でもなくなれば、そうなる可能性はある。

しかし、私たちは、人間が自由となるというところから始めた。自由な人間には責任感があるものだ。そ

※1　ゴシック建築における窓の飾り格子、トレサリー。

して責任感があれば注意深く勇敢であるだろう。とはいえ、人の世は人の世だ。それを否定するつもりはない。だが、私が考えてきたような人間なら、現在のような権威の氾濫と無意識の反抗という混乱のなかに住む人間より、きっと、困難に立ち向かう力を持っているにちがいない。

それでもなかには、こういう状況は確かに幸福を招くが沈滞にもつながるのではないか、と考える人もいるかもしれない。しかし、私にはそれは言語矛盾だと思う。幸せとは、そもそも、私たちの能力を気持ちよく発揮することで生まれる、ということだったはずだ。

それに、仮に最悪の沈滞状態になったとして、こんなにも多くの問題があったあとに、世界が休憩したとしても、何か差し支えがあるだろうか？　以前、病気が治ったあとのことを覚えているが、痛みや熱もなくベッドに横たわっているのは、どんなに心地良いものだったか。私は何もせずに、ただ陽の光を眺め、外から聞こえる暮らしの音に耳を傾けたものだ。

それに、不正の真っただなかで、無我夢中で生死を分かつ闘いを闘い抜き、そこから抜け出した人間の世が、熱病的状態のあとにしばし休息して、しかも、変わらぬ状態のままでいるなんて、立派なことではないか。

いずれにしても、何があとに来るにせよ、熱狂状態は脱した方がいいに違いない。そして、これまで話してきた素朴な暮らし——それを停滞と言う人もいるかもしれないが——、それが人類の大多数に真実の暮らしをもたらし、少なくとも彼らにとっては幸せの泉となるに違いない、と私は確信する。

それは、ただちに彼らの生活水準を上げ、世界の人口がふたたび多くなるまでは、上がり続けることだろう。人口が増えたとしても、それはありきたりの人々ではなく、自尊心もあり、他人の人格をも尊重する正直な庶民だ。優越性を意識しすぎる「知的」現代人とは違う。なぜならその人々は、自分たちが役に立っていて幸せだと感じているからだ。それが、生きているということだ。

それでも、「優れた人々」は、そういう世界を物足らないと言うのかもしれないが、それはお生憎様だ。でも、それなら聞いてみようではないか。それよりもひどい今日の世界で、いったい、どうしてうまく折り合いをつけているのか。「世界が**ひどいから**好きなのだ。そして、自分たちは比較的優遇されているから好きなのだ」――彼らは、そう答えざるを得ないのではないか。

ああ、友よ、こういう馬鹿者が、現在私たちの主人なのだ。ということは、それに仕えている者も馬鹿だって？　そうだ、そういうことなのだ。

だから、もう馬鹿であることは止めにしよう。そうなれば、彼らも主人ではなくなる。結果がどうなろうと、これはまさに、試してみる値打ちがあることではないか。

未来についての私の夢の、最後の言葉はこうだ。私たちがもはや馬鹿でなくなるかどうかは、支配者を持つことを拒否するかどうかにかかっている。

各論文の背景と解説

【私はどうして社会主義者になったか】（新訳）　１８９４年6月

晩年のモリスが、社会主義運動を実践するに至った経緯をふりかえって、自らまとめたものです。詩人・デザイナーとしてすでに有名だったモリスが、なぜあえて困難な道を選んだのか、その必然性をモリス自身が語ります。その後の軌跡を知っていただくために、巻頭に掲載しました。２番目以降の講演は、モリスの思想の進展がわかるように、ほぼ発表順に並べています。

当時のモリスは、「ハマースミス社会主義者協会」という小グループを率いているにすぎませんでした。別の大組織である社会民主連盟（ＳＤＦ）が機関誌への寄稿を依頼したという現実は、当時のモリスの存在の大きさを物語っています。

この寄稿依頼の背後には、分裂が続く社会主義団体を団結させようとしたモリスの働きもありました。モリスは、１８９３年、主な3組織――社会民主連盟（ＳＤＦ）、社会主義者同盟（ＳＬ）、フェビアン協会――に、団結のための共同宣言を採択させるために尽力していたのです。残念ながら、この追求は結実しませんでした。

【小芸術（装飾芸術）】（本邦初訳）　１８７７年12月

モリスが社会主義者として、具体的な運動を開始する6年前になされた講演です。

芸術を実践していた立場から労働を思索し、同時に社会の悲惨な現実を告発しました。芸術を愛するモリスが、のちに社会変革への道を選んだ必然性を容易に推測させる一文です。

工芸職人という実践者であったモリスが、芸術とは何か、とりわけ、装飾芸術（道具や建築物を装飾する芸術）とは何かを探求することをとおして、芸術と労働の本質的つながりについて明らかにしたものです。

さらに、その本質的把握を基礎にして、儲け主義に走る19世紀の英国における現実の労働や環境に対して、鋭い批判をおこないました。

また、すでに、この段階でモリスが（直観的にではありますが）、変革の主体は労働者階級だと指摘している点も注目に値します。

【不当な戦争――英国の労働者たちへ】（本邦初訳）　1877年5月

この頃、トルコのオスマン帝国が衰退し、東欧の覇権をめぐって、ヨーロッパ列強の角逐が激しくなっていました。とりわけ、クリミア戦争でトルコと同盟を組んだ大英帝国と、敵であったロシアとの対立は深まっていました。

オスマン帝国内部では現地住民の蜂起があいつぎ、とくに、1876年4月から5月にかけてブルガリアで起こった、キリスト教徒系住民の蜂起は大規模で、これに対するオスマン帝国の容赦ない弾圧が明らかになりました。この虐殺は欧州全体で論議の的となり、ドストエフスキーやツルゲーネフ、ビクトル・ユーゴー、若きオスカー・ワイルドなども抗議の声を上げました。

にもかかわらず、英国政府はトルコと同盟を組んで、ロシアへの対決方針を取っていました。これが英国でいわゆる「東方問題」として関心を呼び、保守党政権の戦争政策に対して、野党政治家グラッドストーンなどが先頭になって議会で反対の論陣を張っていました。

反戦世論の盛り上がりのなか、1876年11月、リベラルな政治家や文化人を中心に「東方問題協会」（EQA）が結成されました。このとき初めて政治運動に参加したウィリアム・モリスは、素人ながら財政部長に就任します。EQAには、そのほかにも、チャールズ・ダーウィン、ジョン・ラスキン、作家アンソニー・トロロプなど著名人が名を連ねています。モリスは労働者中心の集会などにも参加し、そのエネルギーに感銘を受けたようです。

1877年4月24日にロシアがトルコに宣戦布告し、事態はさらに緊迫しました。そこで5月11日、モリスは先に掲げた『英国の労働者たちへ』という『宣言』を発したのです。中流階級のリベラル文化人と目されていたモリスのメッセージの激しさは、世間を驚かせました。

運動の盛り上がりにもかかわらず、グラッドストーンが政府方針支持に転換し、EQAは拠りどころを失い、雲散しました。モリスは、苦い思いで、いったん政治運動から身を退くことにします。

【民衆の芸術】（新訳）　1879年2月
モリスは東洋芸術について造詣が深く、中東、アジアからの美術品を購入する際にサウス・ケンジントン博物館からアドバイスを求められるほどでした。長年の美術品の研究によって、過去の「普通の人々」が作った日常品にある美を熟知していたのです。
だが、現代文明がもたらした商業主義がそれを破壊していきます。とくに大英帝国は『未開発国』に開国をせまり、その土着の美を死滅させています。この現実に向き合って、モリスは、「堕落した階級制度」を持つ文明社会への対決を強めていきました。

この論文は、『民衆の芸術』（中橋一夫訳、岩波文庫、1953年）のなかにも収録されています（「私はいかにして社会主義者になったか」や「芸術の目的」も同様）。モリスの資料なども限定されていた60年以上前に、モリスの論文を翻訳された努力は大変なものだったでしょう。ただ、当時の翻訳は、漢字表記なども現代では読みにくく、また意味するところが伝わりにくい箇所もあるので、まったく新しく訳しました。

【金が支配する世の芸術】（本邦初訳）　1883年11月

オックスフォード大学のラッセルクラブでの講演です。ここで、モリスが初めて社会主義者であることを宣言し、物議をかもしました。

ラッセルクラブとは、オックスフォード大学のリベラル派が作った政治的会合です。クラブは、卒業生であり芸術家として世に知られたモリスを、11月14日の講演に招きました。

その日、高名な大学教授などを前にして（恩師ジョン・ラスキンも列席）、モリスは社会主義者であることを公表し、民主連盟（のちの社会民主連盟）への加入を呼びかけました。当時、「社会主義」という考えは非常に危険な野蛮思想で、「下流階級」が侵されるペストのようにみなされていました。穏健な芸術家が芸術について講演すると思いこんでいた、当日の議長ベンジャミン・ジョウェットはじめ、主催者たちは仰天したと言われています。

このように主催者側が怒り狂うことは予想できましたが、モリスは、あえて自分の立場を宣言したわけなのです。

【意味のある労働と無意味な労苦】（本邦初訳）　1884年1月

ロンドンのハムステッド・リベラルクラブでの講演を初め、マンチェスターやブラッドフォード、エディンバラなど各地で講演されたテーマです。モリスは、民主連盟の役員として、機関誌への執筆はもちろん、精力的に全国各地を回りました（だが連盟は12月に分裂します）。

楽しくあるべき労働という観点から、労働の本質をつかみ、それを秤《はかり》として、現実の労働の問題を明らかにしていきます。芸術家・工芸職人としてのモリス、その独自の立場からの追究と言えます。

モリスがマルクスの『資本論』を読んだのはこの年の10月頃で、この時点ではまだ読んでいなかったと思われます。経済学的アプローチとは異なるモリスの視点が、この論文に貫かれています。

【芸術の目的】（新訳）　１８８６年３月

この頃、英国には多くの失業者があふれており、ロンドンのトラファルガー広場では連日、集会が開かれていました。労働運動は高揚していましたが、それを率いるべき社会主義運動は、創成期ゆえの混乱に憑りつかれていました。結成2年余りの社会主義者同盟（ＳＬ）は、対立と分裂の危機に揺れており、モリスは、議会選挙に参加すべきだと主張するグループと、アナーキストとのあいだで翻弄されていました。それでもモリスは、社会主義の必要性を広めるため、精力的に全国各地を飛び回って講演していたのです。

それらの講演旅行で、モリスはいろんな角度から運動の必要性を論じました。この講演はその一つで、芸術家として著名だったモリスに惹かれて集まった人たちに対して、芸術を共通点にして変革を説いたものです。芸術の目的とは人間を幸せにすることであり、現在の労働にかけられた呪いを破壊することだ、したがって、利潤を追い求める競争社会の転換こそが、芸術を生き返らせる道だと訴えたのです。

【未来の社会】（本邦初訳）　１８８７年11月

社会主義者同盟（ＳＬ）ハマースミス支部での講演で、その後、各地で講演されました。この講演でモリスは、「社会主義の実現とは、人間を幸せにするために心を配ることだ」と語り、自分自身が未来社会に望むことを述べています。

１００年後、１９８９年のベルリンの壁の崩壊をきっかけに、１９９１年にソ連圏が瓦解しました。その「公式」の社会主義と、モリスがここで描いた社会は大いに異なっています。生産力、つまり経済優先だった「社会主義」に対して、モリスは、のびのびした暮らしと、そこでの仕事や日常の喜びを尊重します。その違いを思うと、同じ「社会主義」という言葉で呼ぶのがためらわれるほどです。人間の社会（society）や、共同体（commune《コミューン》）を尊重するという意図で名づけられた、socialism《ソーシャリズム》や、communism《コミュニズム》という言葉が、こんなに泥にまみれてしまうとは、19世紀の先達たちは思いもしなかったことでしょう。

また、モリスはここで、単に新しい社会の基本を述べるに留まらず、未来を想像することの重要性にも触れています。理性だけでは動かない人を動かす夢の力にも言及しているのです。これは、当時としては異色です。当時の主流は、大御所エンゲルス著の『空想より科学へ』（１８８２年）に見られるように、空想的社会主義の「ユートピア的限界」を論じていました。

モリスは、ここで明らかにした独特の未来社会の夢をふくらませ、物語『ユートピアだより』に結実させていきます。

訳者あとがき

城下　真知子

デザイナーとして世に知られているウィリアム・モリスですが、その人生の後半を社会変革に献身したことは、あまり知られていません。工芸職人であり芸術家であるからこそ、すべての人間が地球上で楽しく美しく生きる平等な社会を願ったモリス。その実現をめざして、全国を駆けめぐっておこなった講演の代表的なものを、この本で取り上げました。

社会の格差や自然破壊に対するモリスの怒りは、1世紀以上たった現在でも新鮮です。モリス自身が本書の「私はいかにして社会主義者になったか」で述べていますが、美の探求がモリスを社会の不平等への闘いに向かわせました。大量の無駄の生産に警鐘を鳴らし、地球上のあらゆる生き物が調和を取って生きる社会を求めたモリスは、環境問題の先駆者とも言えるでしょう。

また、その無駄の生産の根拠は、競争中心で、労働をつまらない労苦に貶《おとし》めた資本主義社会のシステムにあると看破していました。だからこそ、平等な社会を築いて、本来の人間労働、喜びとしての労働を取り戻そうと訴えました。貧富の差がますます大きくなる現代では、いっそう考えてみたいテーマです。格差や過重な労働に悩む若者たちにこそ、知ってもらいたいと思います。私自身も、訳しながら何度勇気づけられたでしょう。

モリスの講演は話し言葉ではなく、論文としても練り上げられた19世紀の英語なので、訳者の力不足から悩むところも多かったのですが、モリスの言いたいことが伝わるように、できるだけわかりやすい表現になるよう努力しました。モリスの独自性、現代に通じる意義を味わっていただくことができれば、これほど幸せなことはありません。

興味のある方のために、モリスの略歴と、その思想の主な特徴を以下に記しておきます。もちろん、それにとらわれず、読者の皆さんそれぞれが、思い思いに読んでいただけばいいのですが。

ウィリアム・モリスの一生とは

1834年にロンドンで生まれ1896年に亡くなるまで、モリスの人生は、ヴィクトリア朝時代にほぼ重なります。勃興する資本主義の最先端で、モリスはその苦い現実と向き合わざるを得ませんでした。存命中は工芸家というよりも詩人として有名で、晩年にはテニソンの後継として桂冠詩人の候補にも挙がりましたが、「女王陛下のおかかえ詩人」など信条に反すると拒否しました。

ロンドンの投資家の富裕な家の長男に生まれたモリスは、宗教家の道を志してオックスフォード大学のエクセター・カレッジに進みます。だが、入学後すぐに宗教は欺瞞《ぎまん》だと感じ、むしろ歴史への興味を花開かせて芸術の道を選びました。この時代に、エドワード・バーン＝ジョーンズ（のちのラファエロ前派の画家）やフィリップ・ウェブ（建築家）などと知り合い、生涯の友となりました。

画家ロセッティの絵のモデルを務めたジェーン・バーデンに恋して結婚し、二人の娘に恵まれます。ジェーンはロセッティに惹かれており、結婚生活は必ずしも幸せではありませんでしたが、家族愛や友情は変わらず、成長した次女メイは、父に共鳴し同じ道を歩んでいます。

新婚の住居であるレッドハウスの内装を、仲間と始めたことをきっかけにして、刺繍、壁紙、タペストリー、家具、ステンドグラスなどを扱うデザイン商会を立ち上げました。手づくりの工芸を愛し実践する取り組みは、アーツ・アンド・クラフツ運動として国内外に大きな影響を与えます。

モリス商会の事業は成功しました。しかし、美を享受するのが少数の金持ちのみであり、労働者は貧困にあえいでいる現実に矛盾を感じ、社会主義運動に近づきます。1883年、49歳を目前にして「社会主義者」宣言ともいえる講演をおこないましたが、有名な詩人兼デザイナーの「変身」に世間は衝撃を受け、集中砲火を浴びせました。中流階級の多くの友人も離れていきました。それでもモリスは中心になって運動を担い、全国を奔走しました。しかし、創成期の革命運動の道は険しく、モリスは晩年まで分裂と対立に苦しむことになります。

運動に献身した十数年間、機関紙に精力的に論文を執筆するだけでなく、農民一揆に題材を得た『ジョン・ボールの夢』や未来社会を描いた『ユートピアだより』、また『世界のはての泉』などのファンタジーを次々と発表しています。美しい装幀本の出版社「ケルムスコット・プレス」も立ち上げました。「古代建築物保存協会（ＳＰＡＢ）」を結成し、保存活動の先駆けともなっています。これらはすべて、モリス商会の工芸事業を現場で担いつつおこなわれたのです。走り続けたモリスが62歳で亡くなったとき、労働者をはじめ多くの市民がその死を悼みました。

モリスの思想のユニークさについて

芸術家出身のため、モリスは当時の権威エンゲルスに「のんびりした感傷的な社会主義者」と揶揄《やゆ》されたりもしました（マルクスの娘婿ポール・ラファルグに宛てた1886年9月の手紙）。でも、自らの手を使って美を追究した工芸職人・芸術家であったこと、そして芸術の夢を見続けたことが、むしろ、モリスの思想の独特な意義を生み出したといえます。その特徴を、ここでは7点にしぼって、挙げておきましょう。

1．無駄を大量生産する資本主義への批判

自らが作り手であるモリスは、低品質の品物の大量生産と、それがあふれる社会全体の汚さに耐えられませんでした。しかも彼は、無駄の生産の原因を見抜いていました。その無駄は、資本主義に固有の資本家の競争ゆえにもたらされている――モリスはこれを繰り返し指摘しています。これは「無駄を出さないように」と心がければ解決する問題ではない、と認識していました。資本主義体制を変えなければ無駄もなくならないし、芸術も死に絶えると主張したわけです。

2．自然破壊への怒り

無駄を大量生産するシステムへの憤りは、不可避に自然破壊への怒りへとつながります。「この地球に何をしたと聞かれたら、いったいどう説明できるだろう」（「金が支配する世の芸術」）と言ったモリスは、環境問題の先駆けです。

モリスの自然の尊重は、当時のキリスト教的道徳観から生まれる禁欲主義への批判とも結びついています。人間として当たり前の身体的欲望を晴れ晴れと満足させることを、あたかも恥ずかしいものであるかのように扱う当時の風潮に、モリスは抵抗したのです。自然の運動のなかから生まれてきた人間という感覚は、モリスの「人間と呼ばれる樹木」（「民衆の芸術」）という独特な表現にも表れています。

これはまた、衣・食・住・睡眠という生活の基本を、他人（召使い）に整えさせる上流階級や中流階級への「代行主義」批判にもつながっています。そこには、モリス独特の芸術についての考えがありますが、こ

の点は6で見ましょう。

3．多様性を認め尊重する

芸術家として自分の好みにこだわったモリスは、それが個性的なものであることを自覚していました。自分にこだわりがあるがゆえに、自分とは違う好みもあることを承知しており、その違いは違いとして認めていたのです。講演において、モリスはよく「私の個人的意見だ。教養として絶対化しないように」（「意味のある労働と無意味な労苦」）とか、「皆さんは私の未来像を変わっていると思うかもしれない」（「未来の社会」）と断っていますが、これは決して単なる修飾句ではありません。

また、たとえば、「それぞれの民族の美に応じて美しい人々」という表現で、民族によって美の基準が違うことに触れています。また、イングランドの風景を「波乱万丈ではないが」「品位ある家庭のよう」だと愛した一方で、「野性味」に満ちた大陸の「驚異的」で荒々しい魅力も無視しているわけではありません（「小芸術」）。

4．平等な社会を求め、独裁者を憎む

階級社会を嫌い、人間は誰でも平等であるべきだと、モリスは考えていました。でも、そういう社会の実現をめざして加入した「社会民主連盟（ＳＤＦ）」では、創設者ハインドマンが組織を私物視し、自分の所有物のように扱いました。人間の平等をめざす者がこういう態度を取ることに、モリスは我慢がなりませんでした。

現在の社会では、受けられる教育や生活水準の違いゆえに確かに能力に違いが生まれていますが、モリスは、平等な社会を実現すれば、それは克服可能で、人間はみな個性に応じて発達すると考えていました。

平等を重んじるあまり、組織人としてはモリスは甘すぎる、と見る考えも一部にはあります。確かにモリスは、「社会主義者同盟（ＳＬ）」を自ら率先して結成しましたが、その指導権をアナーキストたちに奪われ、最終的には身近な仲間を中心にした「ハマースミス社会主義者協会」を代表するだけになりました。でも、モリスが組織者としては成功しなかったという点をどう評価するかは、モリスに倣《なら》って、読者それぞれの判断に任せましょう。

５．あえてユートピアを語る

当時の共産主義運動の主流は、エンゲルスに代表されるように、未来社会のイメージを語ることは「科学的」ではなく、「ユートピア主義」だと批判していました（たとえばエンゲルス著『空想から科学へ』１８８０年）。モリスは、それを承知の上で、「夢」を描く力の大きさを力説しました。それは、「未来への夢の数々が冷静な理性だけでは動かなかった人を動かし、社会主義者にした」（「未来の社会」）という主張によく表れています。論理的思考は重要だが、それにのみ依存して、人々の心・感情を揺り動かす力を軽視してはいけないというのが、芸術家モリスの感覚でした。１８９０年から「社会主義者同盟（ＳＬ）」の機関誌に掲載した『ユートピアだより』は、タイトルそのものも、当時の主流の考えに挑戦しているともいえます。

６．独特の芸術観

芸術を、日常生活とはかけ離れた特別なものと考える人は多いようですが、モリスは、芸術とは、日常生活の細部にわたって関心を示すなかで表現されるものと考えていました。そもそも人間の自然への関わりが労働であり、その労働は本質的に芸術であると考えていたのです。その意味で、モリスのいう芸術は広範囲にわたります。

芸術など人間が生み出すものの質は、歴史的にも規定されています。それをモリスは「記憶と想像力が人間の労働を助ける。自分自身の考えだけではなく、過去の人間たちの思考が、その手を導く。つまり、人類の一人として、人は創造する」（「意味のある労働と無意味な労苦」）と表現しています。

7．労働の本質的省察

モリスは、労働を、人間に固有の能力として本質的にとらえ、その本質的把握を基礎にして、現実におこなわれている労働を批判しました。この点において、モリスの考えはマルクスの「疎外された労働」論と双璧にあります。高名なマルクスと比べるなんて不遜だと思う方もいるかもしれません。でも、工芸職人として自らの手を使って労働しているがゆえに、マルクスとは別の角度から、モリスは労働力の本質を見抜いており、その意味で優位性すら持つと、私は考えます。この点について、少し長くなりますが述べてみましょう。

若き哲学徒マルクスは、哲学的思弁によって「疎外された労働」を考察しました。人間はその本質的力を対象化し外化して労働を実現し、その成果として生産物を生み出します。マルクスは生産物からの疎外、人間からの疎外、類的存在からの疎外を分析することをとおして、労働そのものの疎外――人間の本質的力が人間から奪われていることを思索しました。これは画期的省察ですが、マルクスは現実の労働を掘り下げてそれを分析したのではなく、ヘーゲル弁証法との格闘をとおして思弁的に考察したわけです。

これに対してモリスは、工芸作品の生産という現実の自らの労働をとおして、「芸術は人間労働の喜びの表現である」とつかんだのです。自然に働きかけなければ、つまり労働しなければ生きていけない人間に対して、自然が与えてくれた甘味料が労働における喜び（装飾がその表現）であり、本来、労働とは楽しいものであるはずだった——これはモリスによる労働の本質的把握といえるでしょう。

念のため言及しますと、ドイツ語が読めないモリスは、もちろん初期マルクスの著作にはまったく触れたことはありません（当時は、せいぜい『共産党宣言』の英語訳があるくらいで、『資本論』もまだフランス語訳しか出ていませんでした。運動に身を投じたモリスは、その後、経済学の勉強の必要性を感じて『資本論』を読んでいます。モリスにとって、マルクスは「経済学者」でした）。

モリス自身が感覚としても内在化させていた、人間がおこなわずにいられない楽しい労働、つまり本質的労働。その実感的本能的把握を基礎にして、現実の労働（産業資本主義段階における疎外された労働）を批判していることは、「小芸術」や「意味のある労働と無意味な労苦」ほか、本書所収論文の各所に見て取れます。

これと関係して、モリスが早くから社会変革の主体は労働者だと考えていたことは、とくに興味深い点です。すでに1877年、まだ社会主義運動を始める前から、モリスはそう述べています（「不当な戦争——英国の労働者たちへ」参照）。だが、これも、人間の本質が自然への関わり＝労働にあると見抜いていたモリスにすれば、ある意味で当然のことかもしれません。

※　※　※

本書の翻訳にあたっては、ノーマン・ケルヴィン編集の『William Morris on Art and Socialism』、メイ・モリス編集の『The Collected Works of William Morris』22巻、23巻、メイ・モリス著の『William Morris:

Artist, Writer, Socialist』2巻、フィリップ・ヘンダーソン編集の『The Letters of William Morris to his Family and Friends』所収の論文を底本としました。また、事実関係の照合には、ニコラス・サーモンとデリック・ベーカー共著の『The William Morris Chronology』に大変助けられました。なお、小見出しは、わかりやすくするために訳者が付けました。適宜、改行しています。

ここで紹介した論文以外にも、モリスは多くの講演論文を残していますが、残念ながらここでは8本しか紹介できませんでした。また、家族、友人、同志などとの書簡も、モリスの人となりや考えをうかがわせて興味深いものです。とくに、難病に苦しむ長女ジェニーに運動の様子を知らせる手紙、心の友ジョージーナ・バーン＝ジョーンズへの苦悩の吐露など、紹介したいものは多くありますが、それは、またの機会といたしましょう。

William Morris
（ウィリアム・モリス）
1834年〜1896年

詩人、工芸職人、デザイナー、社会主義者、環境問題活動家、小説家、出版者として、19世紀の英国社会に多大な影響を与えた。その影響は、没後120年以上経っても衰えず、むしろ重要性が高まっている。デザイナーとしての側面だけでなく、人生の後半に、不平等な社会の変革や環境保護のために献身したことが、とくに最近注目されている。

●訳者プロフィール

城下真知子（しろしたまちこ）

京都教育大学卒業後、労働組合に勤務。モリスの『ユートピアだより』に惹かれ、退職後、英国ラフバラ（Loughborough）大学で研究し博士号（PhD）取得。訳書に『内なる平和が世界を変える』（シーラ・エルワージー著、ディスカヴァー）など。
ホームページ「ウィリアム・モリスがめざした社会」
http://morrisnowhere.but.jp/

●装幀——上野 かおる
●カバー壁紙
'Lechlade' by William Morris, wallpaper, 1893
© Victoria and Albert Museum

素朴で平等な社会のために
— ウィリアム・モリスが語る労働・芸術・社会・自然—

2019年11月15日 第 1 刷発行
2023年11月 1日 第 10 刷発行

著 者 ウィリアム・モリス
訳 者 城下 真知子
発行者 岩本恵三
発行所 せせらぎ出版
〒530-0043 大阪市北区天満1-6-8 六甲天満ビル10階
TEL. 06-6357-6916 FAX 06-6357-9279
https://www.seseragi-s.com/
E-mail info@seseragi-s.com

印刷・製本所 モリモト印刷株式会社

ISBN978-4-88416-272-6